Emil Brechtschneider

Die Pekinger Ebene und das benachbarte Gebirgsland

Emil Brechtschneider

Die Pekinger Ebene und das benachbarte Gebirgsland

ISBN/EAN: 9783744607711

Hergestellt in Europa, USA, Kanada, Australien, Japan

Cover: Foto ©Andreas Hilbeck / pixelio.de

Weitere Bücher finden Sie auf **www.hansebooks.com**

DIE PEKINGER EBENE

UND DAS

BENACHBARTE GEBIRGSLAND.

VON

Dᴿ. E. BRETSCHNEIDER,
ARZT DER KAISERL. RUSSISCHEN GESANDTSCHAFT IN PEKING.

— ..

IIT EINER ORIGINALKARTE.

(ERGÄNZUNGSHEFT N° 46 ZU PETERMANN'S „GEOGRAPHISCHEN MITTHEILUNGEN".)

GOTHA: JUSTUS PERTHES.
1876.

INHALT.

Kaum mehr als fünfzehn Jahre sind verflossen, seit Peking für jeden Europäer zugänglich geworden. Bis zum Jahre 1860, wo die Armeen der Westmächte vor den Thoren dieser Capitale lagerten, war es nur wenigen vergönnt, und immer nur unter lästigen Beschränkungen, die Luft der Chinesischen Metropolis zu athmen. Erst als nach dem letzten Frieden mit China die Europäischen Gesandtschaften sich hier niedergelassen hatten, begannen auch Reisende den Norden China's aufzusuchen. Erst kamen sie nur spärlich, doch seit das Reisen um die Welt so leicht geworden durch die vervollkommneten Verkehrsmittel und seit Dampfschiffe und Eisenbahnen in anschliessender Verbindung ununterbrochen den Erdball umkreisen, sehen wir Weltreisende ziemlich häufig in der Chinesischen Residenz, und der Büchermarkt wird überfluthet von Reiseskizzen, „impressions de voyage" &c. Gewöhnlich wird in diesen Reise-Erinnerungen auch Peking, den Sommer-Pallästen und der grossen Mauer ein Kapitel gewidmet. Doch aus diesen oberflächlichen Reisewerken voll unrichtiger Auffassung lernt der wissbegierige Leser gar nichts. Um gewissenhaft die Beschreibung einer Gegend machen zu können, muss man längere Zeit in ihr gelebt und mit eigenen Augen wiederholt alles gesehen haben, was man beschreibt, und selbst dann ist man nicht immer im Stande, vollständig wahrheitsgetreu zu berichten. Dies gilt namentlich für China, wo der Forscher mehr als in anderen von der Europäischen Civilisation entfernten Ländern Schwierigkeit findet, die Wahrheit zu ergründen. Unter den vielen Reisenden, welche ich hier im Laufe der Jahre in Peking gesehen habe, waren nur sehr wenige, welche einen wissenschaftlichen Zweck verfolgten, meistens gehörten sie jener Kategorie von Weltreisenden an, welche die treffende Spottname als „globe trotters" bezeichnet. Seit die Europäische Kolonie sich hier in Peking niedergelassen, hat es immer, und namentlich unter den Missionären, recht tüchtige Gelehrte und Specialisten für verschiedene Zweige der Wissenschaft gegeben. Doch leider erlauben diesen ihre Berufsgeschäfte selten, sich zeitraubenden Forschungen zu widmen und selbige zu veröffentlichen. So erklärt sich die Thatsache, dass ein Mann der Wissenschaft, sei er nun Geograph, Natur- oder Alterthumsforscher, hier noch ein weites schwach kultivirtes Feld der Forschung findet.

Bretschneider, Pekinger Ebene &c.

Wenn ich es unternehme, die nachfolgenden Skizzen der Umgebung Peking's zu publiciren, so habe ich keineswegs die Prätension, jene grosse Lücke auszufüllen. Dieser Aufgabe sind weder meine Kenntnisse gewachsen, noch ist die Zeit, welche ich diesem Gegenstande habe widmen können, genügend gewesen. Doch glaube ich der Wissenschaft vielleicht einen kleinen Dienst erweisen zu können, wenn ich auch eben nur das veröffentliche, was meinen Beobachtungen zugänglich war. Während meines neunjährigen Aufenthaltes in Peking habe ich häufig Gelegenheit gehabt, mehr oder weniger entfernte Reisen von der Capitale aus zu machen. Aufzeichnungen auf diesen Reisen, verbunden mit Beobachtungen mit der Bussole bilden zum grössten Theil das Material zu der Karte, die ich meiner Arbeit beifüge. Da man von den hohen Berggipfeln im Westen die Ebene weithin, wie auch einen grossen Theil der Berge übersieht, so ist man durch von dort aus gemachte Winkelmessungen in den Stand gesetzt, eine Karte der Umgegend zusammenzusetzen, ohne grobe Fehler zu begehen, wobei auch einige von Dr. Fritsche in der Ebene und in den Bergen vorgenommene astronomische Ortsbestimmungen benutzt werden können. Für manche Theile meiner Karte war ich natürlich genöthigt, entweder den Chinesischen Karten zu folgen, welche nicht immer sehr richtig, oder mich auf die von den Eingeborenen angegebenen Distancen zu verlassen. Ich glaubte, dass auch solche vage Angaben, für meine Karte verwerthet, von Nutzen sein könnten. Da meine Karte nicht den Hauptzweck bildet, welchen ich verfolge, sondern vielmehr nur dazu dienen soll, meine Reiseberichte zu illustriren, so habe ich derselben auch nur solche Details incorporirt, als im Texte vorkommen. In meinen Darstellungen will ich mich bemühen, nur die hervorragendsten Momente aufzuführen, um den Leser nicht unnütz zu ermüden. Es ist diess nunmehr indicirt, als die Gegenstand, den ich behandle, zum grössten Theil für Europa und unsere Geographen eine „tabula rasa" zu nennen ist. Wir besitzen in Europa gute Beschreibungen und Pläne der Stadt Peking, doch was die Umgebung der Capitale anlangt, so ist darüber nur sehr Weniges und sehr Unvollkommenes publicirt worden und Herr C. Waeber in seiner schönen Karte der Provinz Chili ist der erste, der die Umgebungen und die Berge Peking's

wenn auch nur in sehr kleinem Maassstabe, richtig dargestellt hat. Es sei mir erlaubt, hier einige Worte der
betreffenden Literatur, Europäischer sowohl als Chinesischer zu widmen.

Was zuerst die Chinesischen Specialwerke und Karten
über Peking und seine Umgebung anlangt, so sei hier bemerkt, dass Chinesische Karten selten auf Lokalbeobachtun-
gen oder Messungen basirt sind, sondern in der Regel von
mehr oder weniger der Gegend kundigen Leuten aus dem
Gedächtnisse zu Papier gebracht wurden. So ist auch der
grosse Chinesische Plan von Peking, welcher hier überall
verkauft wird, nur ein sehr rohes Produkt einheimischer
Kartographie, jedoch wegen seiner zahlreichen Details
nicht ohne Nutzen für die Anfertigung eines Europäischen
Planes. Es existiren verschiedene mehr oder weniger detaillirte Chinesische Beschreibungen der Capitale und der
Merkwürdigkeiten ihrer Umgebung. Ich will von diesen
nur einige erwähnen. Das ch'en yüan chi lio ist ein
kleines gegen Ende des vorigen Jahrhunderts publicirtes
Buch, welches für oberflächliche Informationen von Nutzen
ist. Die rohen beigefügten Karten haben gar keinen Werth.
Doch für ausgedehntere Untersuchungen ist das ji hia kiu
wen zu empfehlen, welches zuerst im 17. Jahrh. publicirt
wurde. Der Chinesische Titel lautet in der Übersetzung:
Alte Überlieferungen, welche man unter der Sonne (d. h.
über Peking) hört. Eine neue Auflage des jetzt ziemlich
theueren Werkes erschien 1774 in 120 Büchern. Es enthält sehr detaillirte Beschreibungen der Sehenswürdigkeiten
Peking's, seiner Umgebungen und der 24 Städte, welche
unter der Verwaltung von Shun t'ien fu (Peking) stehen.
Es ist von höchster Wichtigkeit für archäologische Forschungen, denn der gelehrte Autor hat aus unzähligen alten
Werken, die zum Theil gar nicht mehr existiren, alles ex-
cerpirt, was Bezug hat auf die Geschichte der in Betracht
kommenden Gegenden. Natürlich wird vorzugsweise die
Geschichte der Capitale behandelt, und diejenigen Gelehrten
in Europa, welche sich dem Interpretiren von Marco Polo's
Reisen widmen, würden in diesem Chinesischen Werke reichen Stoff finden. Ein Exemplar desselben befindet sich in
der schönen Chinesischen Bibliothek, welche seit mehr als
50 Jahren von der Russischen Regierung in Peking unter-
halten wird. Die historischen Notizen, welche ich hin und
wieder in meiner Arbeit gebe, sind alle aus dem genannten Werke genommen. Sehr detaillirte Karten der Umgebung Peking's findet man in den Chinesischen Werke Yi
t'ang tson yi. Es ist dies eine Beschreibung der Getreidemagazine in der Provinz Chili, angefertigt in der
zweiten Hälfte des vorigen Jahrhunderts und begleitet von
zahlreichen Karten, die Administrations-Bezirke der einzelnen (Kreis-)Städte mit den von ihnen abhängigen Dörfern

darstellend. Die Karten, welche speciell auf Peking's Umgebungen Bezug haben, sind nach einem Maassstabe ausgeführt, welcher ungefähr dem meiner Karte gleichkommt.
Die Karte eines jeden Kreises trägt den Namen des resp.
Magistrates, welcher sie angefertigt. Obgleich die Darstel-
lungsweise eine sehr primitive und ungenaue ist, so haben
diese Karten doch deshalb einen grossen Werth, weil die re-
spektiven Entfernungen ganz richtig in Ziffern notirt sind.
Man findet die grösseren Dörfer, in welchen sich Getreidemagazine befinden, durch ein in die Augen fallendes Viereck
markirt, während die Entfernungen der kleineren Dörfer
von diesem Orte in Chinesischen li (2 = 1 Werst) angegeben sind. Für diejenigen, welche sich mit der Anfertigung von Specialkarten beschäftigen, sind diese Chinesischen kartographischen Versuche von grossem Nutzen. Man
erfährt auch durch dieselben die richtige Schreibweise der
Namen der Ortschaften, welche oft im Volksmunde verstüm-
melt wird. So viel sei gesagt über Chinesische Quellen.
Wenden wir uns zur Betrachtung der Schriften und Karten,
welche Peking und seine Umgebungen darstellen und deren
Zusammenstellung wir Europäern verdanken.

Ich übergehe die unvollkommenen Nachrichten über Peking,
welche die ersten katholischen Missionäre gegeben und die
in Du Halde's altem Werke über China zu finden sind.
Die erste systematische Beschreibung der Chinesischen Residenzstadt erhielten wir durch Pater Hyacinth Bitscha-
rin, dem bekannten Sinologen, welcher von 1808 — 1821
in Peking lebte und eine grosse Anzahl höchst werthvoller
Werke über China in Russischer Sprache veröffentlicht hat.
Hyacinth's Beschreibung von Peking ist, wie der Autor angiebt, basirt auf ein kleines Chinesisches Werk, welches er
übersetzt. Er meint das oben erwähnte ch'en yüan chi
lio, doch hat er eigentlich nur einen Auszug daraus gegeben. Der beigefügte Plan von Peking ist, wie der Autor
sagt, nach dem Chinesischen Plane angefertigt, jedoch durch
die Resultate seiner eigenen Untersuchungen wesentlich ver-
bessert. Es ist in der That ein guter Plan, wenn auch
die Dimensionen nicht ganz richtig angegeben sind. Peking
erscheint darauf zu lang von Norden nach Süden, die Mandschurenstadt, welche von N. nach S. kürzer ist um mehr
als eine Werst, als von O. nach W., ist als gleichseitiges
Viereck dargestellt, die südliche oder Chinesenstadt ist zu
gross gerathen. Hyacinth's Werk bildet noch immer die
Grundlage dessen, was man in topographischer Beziehung
in Europa über Peking kennt. Es ist im Jahre 1829 eine
Französische Übersetzung desselben durch Ferry de Pigny
veröffentlicht worden, und ein Auszug daraus in Deutscher
Sprache erschien 1860 in Wien in der allgemeinen Bau-
zeitung. Die Umgebungen Peking's sind in Hyacinth's Werke
nur sehr oberflächlich behandelt. — Eine weitere Vervoll-

kommnung erfuhr Hyacinth's Plan durch einen Russischen Offizier Ladyshensky, welcher im Jahre 1830 acht Monate in Peking zubrachte. Unter seinem Namen ist ein grosser und sehr guter Plan Peking's in Russischer Sprache veröffentlicht worden. Einen sehr detaillirten Plan von Peking in sehr grossem Maasstabe habe ich in der Englischen Gesandtschaft in Peking gesehen. Er soll im Buchhandel nicht existiren. Wie auf dem Plane zu lesen, erhielt der Englische Gesandte in Neapel das Original 1842 von einem Italienischen Missionär aus Peking. Der Plan wurde 1843 in London gestochen und gedruckt. In Englischer Sprache wurde für den Generalstab der alliirten Armeen in China eine Karte der Umgebungen Peking's fabricirt und unter dem Namen „Peking and its Environs. Copied from the survey of Colonel Ladyjenski of the Russian army" 1860 publicirt. Diese Karte, in recht grossem Maasstabe (ungefähr 1/2 Engl. Meile auf 1 Zoll), umfasst die nächste Umgebung der Stadt und einen Theil der Ebene im Westen bis zu den Bergen mit Einschluss der Sommerpaläste, und erscheint beim ersten Anblicke sehr detaillirt, jedes einzelne Haus in der Ebene ist angedeutet, doch bei näherer Betrachtung und bei Vergleichung stellt sich heraus, dass diese Karte nicht allein nicht auf topographische Aufnahmen basirt ist (solche wären wohl auch vor 1860 nicht aufführbar gewesen), sondern für einen grossen Theil zum wenigsten eine Schöpfung der Phantasie ist, obgleich hin und wieder wohl einzelne Angaben für Localbeobachtungen sprechen. Doch was die Karte vollends unbrauchbar und jede Identification der angegebenen Ortschaften unmöglich macht, ist die Corruption der Namen. Was ist z. B. unter Votch-si-n-e zu verstehen, welcher Name im Westen von Peking figurirt? Das grosse Dorf Pa li chuang im Westen von Peking ist auf der Karte als Palast Li tchay angezeichnet &c. Ich hege einige Zweifel, ob diese Karte wirklich von Ladyshensky herrühre, denn wie sollte dieser Russische Offizier, welcher einige Zeit in Peking gelebt, nicht gewusst haben, dass der Russische Kirchhof sich im Norden von Peking befindet. Auf der Karte ist er im Osten von Peking angegeben. Die letzte Englisch-Französische Expedition im Jahre 1860 gegen Peking scheint weder für unsere geographischen Kenntnisse dieser Gegend noch sonst in wissenschaftlicher Beziehung von wesentlichen Erfolgen begleitet gewesen zu sein. Eine Anzahl höchst oberflächlicher Brochuren voll Irrthümer sind in Französischer und Englischer Sprache später als wissenschaftliche Resultate der Expedition nach Nord-China veröffentlicht worden. Ein kleiner, jedoch recht interessanter Artikel über Peking erschien im Jahre 1866 im Journal of the Royal Geogr. Soc. unter dem Titel: Peking and its neighborhood. Der Verfasser, Dr. W. Lockhart, hat mehrere Jahre in Peking gelebt und sein Artikel ist ein werthvoller Beitrag zur richtigen Kenntniss der Stadt. Was die Umgebungen der Capitale anlangt, so sind jedoch seine Berichte sehr mager und beschränken sich auf die bereits vielfach beschriebenen Sommerpaläste, die Minggräber und einige Tempel vor den Thoren der Stadt. Das Beste, was bis jetzt über Peking publicirt worden, ist ohne Zweifel der Artikel des Rev. J. Edkins, welcher als Anhang zu Williamson's Journey in North China, Manchuria and Mongolia &c. 1870, im zweiten Theile erschienen ist. Es ist diese zugleich der beste Theil von Williamson's Werk, welches in wissenschaftlicher Beziehung nur geringen Werth hat. Edkins ist ein tüchtiger Sinologe und Alterthumsforscher und hat alles, was er gesehen, mit kritischem Verstande beobachtet. Doch hinsichtlich der Umgebungen Peking's giebt er gleichfalls wenig Neues. Ich will schliesslich noch erwähnen, dass der richtigste Plan von Peking sich auf C. Waeber's bereits erwähnter Karte der Provinz Chili (in Russischer Sprache) befindet. Er ist nicht gross, enthält jedoch viele Details und ist nach wirklichen Messungen und astronomischen Beobachtungen angefertigt worden.

Bevor ich zum eigentlichen Gegenstande meiner Betrachtungen übergehe, muss ich folgende namentlich auf meine Karte Bezug habenden Bemerkungen voranschicken. Die Höhen sind überall in Englischen Fuss angegeben. Die Beobachtungen sind zum Theil von mir selbst gemacht (Aneroid-Barometer oder Siedepunkt des Wassers) und später von Dr. Fritsche berechnet worden, theils benutzte ich die von Dr. Fritsche früher publicirten Höhenangaben. Der Maasstab ist für Russische Werst berechnet. Ich finde diese kleinere Einheit praktischer für meine Angaben und da 7 Werst nahezu 1 geographische Meile ausmachen, so wird der mit dem Russischen Längenmaasse nicht vertraute Leser sich leicht zurecht finden. Von den Chinesischen li, welche ich bisweilen erwähne, gehen 2 auf 1 Werst. Was die Transcription der Chinesischen Laute in den Ortsnamen anlangt, so folge ich darin so ziemlich der von den besten Englischen und Amerikanischen Sinologen angenommenen Schreibweise, und zwar sind alle Buchstaben wie im Deutschen auszusprechen, mit Ausnahme von j, welches wie im Französischen, und ch und sh, welche wie im Englischen lauten sollen.

1. Das gegenwärtige Peking. Geschichtliches und Archäologisches.

Da, wie ich bereits erwähnte, gute und ausführliche Beschreibungen von Peking existiren, so will ich über die Capitale selbst nur so viel berichten, als zur Vervollständigung und zum richtigen Verständniss meiner Skizze der Umgebungen erforderlich ist.

Das moderne Peking erhebt sich mit seinen ausgedehnten Mauern inmitten einer grossen sandigen Alluvialebene, welche im Norden und Westen von Gebirgen begrenzt wird, während sich nach Süden das ebene Land weit über den gelben Fluss hinaus zu erstrecken scheint und im Osten und Süd-Osten bis ans Meer reicht. Die im Russischen magnetischen Observatorium, im nordöstlichen Winkel der Stadt angestellten Beobachtungen ergeben eine Erhebung über dem Niveau des Meeres von 120 Engl. Fuss. Die nördliche Breite 39° 56′,s, die östliche Länge v. Greenw. 116° 28′,4. Die Stadtmauern umgrenzen zwei mehr oder weniger regelmässige Vierecke, von denen das eine nördlich gelegene gewöhnlich die Tartaren- oder Mandschurenstadt genannt wird, das südliche dagegen unter dem Namen Chinesenstadt bekannt ist. Doch das sind Europäische Bezeichnungen. In den Chinesischen Werken heisst die nördliche Stadt nei ch'eng (innere Stadt) im Volksmunde ch'eng li t'ou (wörtlich: innerhalb der Stadt). Die südliche Stadt figurirt in den Büchern als wai ch'eng (äussere Stadt), während man im gewöhnlichen Leben sagt ch'eng wai t'ou (ausserhalb der Stadt), denn die südliche Stadt war ursprünglich nur eine Vorstadt des eigentlichen Peking. Mandschuren- und Chinesenstadt sind durch eine Mauer getrennt, durch welche 3 Thore führen, die Mandschurenstadt hat ausserdem noch 6 Thore, die Chinesenstadt 7 Thore nach aussen. In der Mitte der Mandschurenstadt befindet sich die gleichfalls ummauerte Kaiserstadt mit 4 Thoren nach den vier Weltgegenden. Ein grosser Theil derselben wird durch die Kaiserpaläste und kaiserlichen Gärten eingenommen, der kleinere Theil ist Stadt. Wenn man im Sommer von einem der benachbarten Berggipfel einen Blick auf die Pekinger Ebene wirft, so erscheint Peking als ein ungeheurer ummauerter Garten, aus dessen Mitte sich ein eigenthümlicher Berg mit Kiosken auf seinen Gipfeln erhebt. Dieser letztere ist der schön bewaldete, einige hundert Fuss hohe Berg King shan (gewöhnlich Mei shan, Kohlenberg, genannt). Im Volksmunde erhält sich eine Tradition, nach welcher dieser Berg künstlich aufgeführt worden und in seinem Inneren Steinkohlen bergen soll, welche im Falle einer langen Belagerung von Nutzen sein könnten. Der Mei shan gehört zu den kaiserlichen verbotenen Gründen. Neben dem Mei shan bemerkt man einen anderen kleineren Hügel. Das ist der gleichfalls in den kaiserlichen Gärten gelegene Pai t'a shan mit einem Suburga auf dem Gipfel. Peking aus der Ferne betrachtet lässt nur gewisse Häuser erkennen zwischen dem Grün des Laubes, denn fast zu jedem Hause gehört ein mehr oder weniger geräumiger Garten. Doch, da die Gärten immer im Hintergrunde gelegen, so sieht man in Peking selbst, wenn man sich in den Strassen bewegt, fast nichts von Gärten, sondern meist nur monotone Häuserreihen, aus einstöckigen Häusern, welche zu beiden Seiten die staubgefüllten Strassen einfassen.

Nach dem Plane von Peking auf Waeber's Karte hat die Mandschurenstadt 22⅔ Werst im Umfange, misst von N. nach S. 5 Werst, von O. nach W. 6,4 Werst und umfasst ein Areal von 32 Quadratwerst. Die Mauern der Chinesenstadt ringsherum messen 21,s Werst, die Stadt ist von N. nach S. 3 Werst breit und von O. nach W. 7,s Werst lang und nimmt 23,7 Quadratwerst ein. Ganz Peking umfasst daher 55,7 Quadratwerst oder 1,13 Quadratmeilen. Zum Vergleiche sei gesagt, dass Paris 1,53 Quadratmeilen fasst.

Doch nur ein Theil dieses grossen, von den Stadtmauern eingeschlossenen Raumes darf als von bewohnten Häusern eingenommene Stadt betrachtet werden, denn einerseits nehmen die ausgedehnten Gärten und See'n mit den daranstossenden Kaiserpalästen, ebenso die Paläste und Gärten verschiedener Prinzen, einen bedeutenden Raum ein, andererseits liegt ein grosser Theil der Stadt gegenwärtig in Ruinen. So hat derselben wird namentlich nur in ihrem nördlichen Theile einen etwa 1½ Werst breiten, sich von O. nach W. ziehenden Streifen wirklicher Stadt mit continuirlichen Häuserreihen und Strassen aufzuweisen, während der Rest theils von den enormen Gärten des Himmels und des Tempels des Ackerbaues, theils von See'n, Ackerland, ausgedehnten Begräbnissplätzen oder vollständig wüsten Flächen occupirt wird. Solchen wüsten Flächen mit den Ruinen früherer Bauten begegnet man auch häufig in der Mandschurenstadt. Am dichtesten scheint die Bevölkerung gedrängt zu sein in der Chinesenstadt, denn hier concentrirt sich fast aller Handel Peking's und nur hier kann man in gewissen Strassen stets einen so lebhaften Verkehr finden als in unseren grossen Capitalen. In den von den Handelscentren entfernteren Strassen Peking's begegnet man nur wenigen Menschen. Die Wohnhäuser der Stadt sind mit geringen Ausnahmen einstöckig. Es wird hier mit Raum nicht so gegeizt, wie in unseren grossen Städten. Alle diese Thatsachen zusammengefasst, bestimmen mich zu der Ansicht, und ich glaube jeder in Peking lebende Europäer wird mir beistimmen, dass die in den meisten Werken über China angegebenen Ziffern von mehreren Millionen für die Einwohnerzahl von Peking viel zu hoch gegriffen sind für die gegenwärtige Zeit. Ich würde sie höchstens auf eine halbe Million schätzen. Die Chinesische Regierung kennt jedenfalls ganz genau die Einwohnerzahl Peking's, doch wäre es eine unnütze Mühe darnach zu fragen. Man wird Europäern nie die Wahrheit sagen und exorbitante Zahlen angeben. Ebenso genau könnte man eine Statistik der Sterblichkeit in Peking zusammenstellen, denn alle Leichen werden gegenwärtig ausserhalb der Stadt begraben und jede wird am Thore verzeichnet.

Nach der Chinesischen Geschichte ist Peking eine der ältesten Städte China's. Schon im 12. Jahrhundert wird sie unter dem Namen K i erwähnt und gehörte zu den Apanagen eines Nachkommen des Kaisers Huangti. Zu Confucius' Zeiten (6. und 5. Jahrhundert ver Christus) war es die Hauptstadt eines Fürstenthumes, welches Y e n hiess. Dieser Name Yen, welcher Schwalbe bedeutet, ist noch in gegenwärtiger Zeit für die Pekinger Gegend in Gebrauch, besonders in der gelehrten Sprache. Als Kaiser Shi huang ti im Jahre 221 vor Chr. China zu einem Reiche vereinigte, verlor auch Yen seine Selbstständigkeit und gehörte fortan zu China. Zur Zeit der grossen T'ang-Dynastie 618 bis 907 n. Chr. hiess Peking Y u o h o u, war jedoch nicht Residenzstadt. Die Kapitale der T'ang war im heutigen Si an fu in Shensi. Im Jahre 937 wurde Peking Residenzstadt und ist es seitdem mit kurzen Unterbrechungen bis auf den heutigen Tag geblieben. In dem erwähnten Jahre machten die Kitan, ein Tartarisches Volk, ursprünglich aus dem südlichen Mandschurien stammend, nachdem sie den Norden China's erobert und die unter dem Namen Liao bekannte Dynastie gegründet — diesen Ort zu ihrer südlichen Residenz und nannten sie Nan king. Die Kitan wurden zu Anfang des 12. Jahrhunderts von den Tschurtsche, einem Volke des nördlichen Mandschuriens, vernichtet und diese letzteren, nachdem sie sich in Nord-China etablirt und ihre Dynastie den Namen Kin angenommen, wählten gleichfalls Peking als eine ihrer Residenzen. Das geschah 1153 und diese Residenz wurde fortan chang tu oder Yen king genannt. Im Jahre 1215 eroberte Dschingiskhan Peking und sein Grosssohn, der grosse Kubilaikhan, schlug hier 1260 seine Residenz auf. Jetzt hiess die Stadt ta tu oder wie die Mongolen sie nannten Khanbaligh. Im Jahre 1368 wurden die Mongolen aus China vertrieben und zu Anfang des 15. Jahrhunderts versetzte der Kaiser Yunglo, der dritte der neuen Dynastie (Ming-Dynastie 1368 bis 1644) seine Residenz vom heutigen Nan king nach Peking. Damals wurde zuerst der Name Peking (nördliche Residenz), mit welchem wir Europäer noch gegenwärtig die Chinesische Metropole bezeichnen, für dieselbe gewählt. Im Jahre 1644 wo sich der letzte Ming-Kaiser auf dem Mei shan erhing, nahmen die Mandschuren Besitz von Peking.

Doch während der drei Jahrtausende, welche die Geschichte Peking's zählt, hat die Stadt nicht immer genau auf demselben Flecke gestanden und namentlich seit sie Residenzstadt geworden, haben die politischen Veränderungen, welche in Nord-China sich vollzogen, stets auch eine Veränderung in der Ausdehnung und Lage der Capitale

zur Folge gehabt. Jede der Tartarischen oder Chinesischen Dynastien, welche sich im Besitze des Chinesischen Bodens ablösten, hielt es bei ihrem Antritt für Pflicht, ihre Kaiserpaläste an einem neuen Orte zu bauen und dabei wurden denn immer auch die Mauern der Residenzstadt versetzt. Die grosse oben erwähnte Chinesische Beschreibung von Peking giebt eine interessante Zusammenstellung der Veränderungen, welche die Stadt in Lage und Ausdehnung im Laufe der Jahrhunderte erlitten, und der Chinesische Autor lässt sich bei seinen Folgerungen meist leiten durch alte Inschriften auf Denkmälern, deren es so viele giebt innerhalb und ausserhalb Peking's. Was die Lage des alten Ki anlangt, so weist die Tradition ihm jenen alten Erdwall an, auf welchen man 2½ Werst im Norden vom heutigen Peking stösst, doch alte Dokumente für die Richtigkeit dieser Annahme sind nicht bekannt. Im Jahre 1681 wurde am westlichen Thore der Kaiserstadt ein Grabstein ausgegraben, auf welchem u. A. zu lesen war, dass das zugehörige Grab sich 5 li (2½ Werst) im NO. der Stadt Y n chou befinde. Der Grabstein trug das Chinesische Datum, welches dem Jahre 799 unserer Zeitrechnung entspricht. Damals scheint also Peking sich östlich von dem jetzigen Chinesenstadt befunden zu haben. Die Residenzstadt der Kitan lag etwas mehr nach NO. und nahm einen Theil der jetzigen Chinesenstadt ein, erstreckte sich jedoch weiter nach Westen als diese letztere. Auch die Kaiser der Kin-Dynastie verrückten die Mauern der Residenzstadt wie es scheint nach Nordosten. Es wird in der Geschichte dieser Dynastie gesagt bei Beschreibung der Paläste, dass im Norden der Capitale Lustgärten mit See'n und Hügeln angelegt wurden. Es ist offenbar die Gegend gemeint, wo Kubilaikhan später seine Paläste erbaute und wo auch gegenwärtig die Kaiserpaläste der jetzigen Dynastie stehen. Die Geschichte berichtet, dass Kubilaikhan eine neue Residenzstadt erbauen liess 3 li (1½ Werst) im NO. von der alten, und diese neue Stadt entspricht ungefähr der heutigen Mandschurenstadt. Marco Polo's Angaben über Khanbaligh, seine Lage und Ausdehnung passen ganz gut auch auf diese. Die Chinesischen Annalen geben zwar an, dass, nachdem die Mongolen aus China vertrieben worden, Peking verkleinert wurde, doch im Jahre 1421 wird berichtet, dass die Stadt wieder erweitert und die Mauern der Residenzstadt, welche bisher immer nur aus einem Erdwalle bestanden, mit Ziegeln bekleidet wurden. Dieses sind die Mauern der Mandschurenstadt, wie wir sie noch heute sehen. Erst im Jahre 1644 wurde die südliche Vorstadt, das, was wir jetzt Chinesenstadt nennen, mit einer Mauer umgeben und auch die Tempel des Himmels und des Ackerbaues mit eingeschlossen.

Alte Mauern oder vielmehr Erdwälle lassen sich an

mehreren Stellen in der Umgebung Peking's nachweisen, doch ist es schwer anzugeben, welcher Zeit sie angehören, obgleich darüber kein Zweifel sein kann, dass es sich um einstige Stadtmauern handelt.

Wenn man vom Thore Tung pien mon (6) längs dem nach Tung chou führenden Kanale etwa 1½ Werst nach Osten geht, so gelangt man zu einem etwa 20 Fuss und mehr hohen Erdwall, welcher am Kanale beginnend sich in nördlicher Richtung hinzieht und deutlich verfolgen lässt bis zu dem von Peking nach Tung chou führenden Stein-wege. Auch nördlich von diesem Wege scheint sich der Wall noch fortgesetzt zu haben, doch sind hier die Spuren durch Bauten so ziemlich verwischt. Dieser Wall war ein östlicher Stadtwall, was ich daraus schliesse, weil er an seiner östlichen Seite von einem alten Kanale, der gegen-wärtig noch Wasser führt und in den Tung chou-Kanal ausmündet, bespült wird.

Ein anderer noch vollkommener erhaltener Erdwall als der genannte, welcher letztere an vielen Stellen durch Ab-graben der Erde zu Bauten vernichtet worden, findet sich im Norden Peking's und steht in keinem Zusammenhange mit dem östlichen Wall. Ich habe ihn in seiner ganzen Ausdehnung, ungefähr 11 Werst, verfolgt. Von der Nord-ost-Ecke Peking's, wo er am äusseren Stadtgraben beginnt, zieht er sich direkt nach Norden ungefähr 2½ Werst und biegt dann unter rechtem Winkel nach Westen um. Auf der Ecke bemerkt man die Spuren eines grossen Eckthur-mes. Nachdem er ungefähr 6 Werst parallel mit der Stadt-mauer verlaufen, biegt er nach Süden um. Hier sieht man nahe der Ecke auf der alten Mauer die Ruinen eines Kai-serlichen Kioskes (Huang t'ing) aus dem vorigen Jahr-hunderte, mit einer Marmortafel, auf welcher die Charak-tere Ki men yen shu zu lesen, welches der Name eines Parkes vor den alten Mauern der Stadt Ki (s. unten) war. Gegenwärtig existiren keine Spuren eines solchen Parkes, obgleich Baumgruppen sich überall finden. Weiter nach Süden stösst man auf eine Öffnung in diesem Erdwalle, wo die grosse Strasse nach den Sommer-Palästen hindurch geht. Dabei sieht man ausserhalb des Walles die Spuren eines alten Forts, welches gegenwärtig als Ringmauer für ein Kloster dient. Der alte Erdwall lässt sich nach Süden verfolgen, bis nahe an den Fluss, welcher die Residenz mit Wasser versorgt.

Dieser alte Wall, welcher 20—30 Fuss hoch ist, zeigt regelmässig, auf Distancen von etwa 150 Schritt, Vorsprünge nach aussen. Hier standen wahrscheinlich Thürme, von wo aus der anstürmende Feind von beiden Seiten Wurfge-schosse zu erwarten hatte. Gegenwärtig führen viele Wege, die von Peking ausgehen, durch diesen alten Wall, doch giebt es nur zwei breite Durchgänge im Norden, einen

im Osten und einen im Westen. Hier scheinen die alten Thore gewesen zu sein. Das erwähnte archäologische Werk über Peking führt keine alten Dokumente an, welche sich auf die Geschichte dieses alten Walles, bekannt unter dem Namen t'u ch'eng (Erdwall), beziehen. Der Autor des Werkes sagt einfach, es seien die Mauern der alten Stadt Ki, welche, wie ich bereits erwähnte, schon im 12. Jahr-hundert vor Chr. existire. Doch an einer anderen Stelle erwähnt der Autor dieselbe Mauer als die der Mongolen-Residenz. Ich kann mich hier nicht auf nähere Erörterun-gen in Betreff dieser archäologischen Zweifel einlassen, doch scheint die letztere Ansicht nicht richtig zu sein und die Untersuchungen, welche ein bedeutender Sinologe und Al-terthumsforscher, der mehr als 30 Jahre in Peking gelebt, über diesen Gegenstand angestellt hat und wohl nächstens veröffentlichen wird, haben zu dem Resultate geführt, dass die Mauern der gegenwärtigen Mandschurenstadt ungefähr auf derselben Stelle stehen als die der Mongolen-Residenz-stadt Khanbaligh, welche Marco Polo beschreibt.

Ein Stück eines alten Erdwalles, gleichfalls eine frühere Stadtmauer, soll sich im Westen der Chinesenstadt erhal-ten haben. Ich habe ihn nicht untersucht. Wahrscheinlich handelt es sich hier um die Capitale der Liao.

2. Verschiedene Namen Peking's. Sein admini-strativer Bezirk.

Der Name Peking, unter welchem die Chinesische Capi-tale seit einigen Jahrhunderten auf unseren geographischen Karten verzeichnet wird, bedeutet, wie allen bekannt, im Chinesischen „nördliche Residenz". Dieser Name stammt erst aus dem Anfange des 15. Jahrhunderts, als Kaiser Yung-lo die Residenz aus der Stadt Ying t'ien (auch Nan king oder südliche Residenz genannt) nach der früheren Mongo-len-Residenz verlegte, welche fortan Peking hiess; und die-ser Name wurde zuerst in Europa bekannt durch die jesui-tischen Missionäre, welche zu Ende des 16. Jahrhunderts an den Chinesischen Hof kamen (Ricci). Erst durch Be-nedict Goës' Reise aus Ostindien durch Central-Asien nach China im Beginne des 17. Jahrhunderts wurde es in Europa bekannt, dass Khanbaligh und Peking identisch seien und dass Kathay und China dasselbe Land bedeuten. Als im Jahre 1644 die Mandschu-Dynastie sich in China eta-blirte, hatte natürlich der Name Peking für die Capitale keinen Sinn mehr und er wurde allmählich vergessen. Gegen-wärtig ist er bei den Chinesen nicht mehr im Uebrauch. Ein gebildeter Chinese wird wohl wissen, was er unter die-sem Namen zu verstehen habe, doch das gemeine Volk nennt ihn nicht, sondern nennt Peking einfach King ch'eng (Residenzstadt). Im officiellen Style sagt man king tu (gleichfalls Residenzstadt). Im administrativen Sinne ist

Peking eine Stadt ersten Ranges (fu) und heisst Shun t'ien fu. Sie zerfällt in zwei Städte dritten Ranges (hien). Wan p'ing hien nimmt die westliche Hälfte der Mandschurenstadt ein, Ta hing hien die östliche. Ausser diesen beiden hien stehen unter Shun t'ien fu noch 17 andere Städte dritten Ranges und 5 chou oder Städte zweiten Ranges. Ein Theil derselben ist auf meiner Karte verzeichnet. Merkwürdiger Weise ist Peking oder Shun t'ien fu nicht der Sitz der Centralverwaltung für die Provinz Chili. Diese befindet sich in der südlich von Peking gelegenen Stadt Pao ting fu. Wan p'ing hien und Ta hing hien, in welche Peking im administrativen Sinne getheilt wird, sind jedes der Sitz der Centralverwaltung für die gleichnamigen Kreise, deren Gebiet Peking rings umgiebt. In dem oben erwähnten Chinesischen Werke Yi ts'ang tsou yi aus dem vorigen Jahrhunderte sind auf den bezüglichen Karten die Grenzen dieses zu Peking gehörigen Gebietes genau angegeben und die Randnoten dieser Karten geben an, dass zu Wan p'ing hien 281, zu Ta hing hien 234 Dörfer gehören. Nach Norden erstreckt sich das Pekinger Gebiet 30 bis 36 li (15—18 Werst) von der Stadt, nach Nordosten 28 li, nach Osten 30 li, nach Südosten 35 li, nach Südwesten 45 li (über den Hun ho hinaus), nach Nordwesten 25 li, nach Westen endlich 200 li bis zum Dorfe Tu kia chuang, welches auf meiner Karte angegeben ist (im NW. des Po hna shan). Diese Grenzen sind noch immer dieselben, wie ich aus einer vor Kurzem von der Chinesischen Regierung an eine der hiesigen Gesandtschaften gerichteten Depesche ersehen, in welcher auf allen den nach Peking führenden Hauptstrassen die Grenzorte des Pekinger Gebietes angegeben waren [1]. Aus derselben Depesche ersah ich auch, dass die nächste Umgebung Peking's (18 bis 25 li) unter einer besonderen Militärverwaltung steht. Eben so befindet sich der grosse, einige Quadratmeilen fassende Jagdpark Nan hai tze im Süden unter einer besonderen Kaiserl. Jagdverwaltung. Erst jenseit dieses Gürtels beginnt die Civilverwaltung Peking's.

3. Wege, die von und nach Peking führen.

Wege im eigentlichen Sinne des Wortes (d. h. künstliche Wege) giebt es bei Peking nur wenige. Diese künstlichen Wege sind jedoch dafür von sehr solider Beschaffenheit und mit grossen 3—4 Fuss langen, 1½—2 Fuss breiten Quadersteinen, die regelmässig behauen, gepflastert. Solcher Steinwege finden sich einige in Peking selbst, so namentlich zwischen dem südlichen Thore des Kaiserpalastes

und dem Tempel des Himmels ein Steinweg, welcher die ganze Chinesenstadt durchsetzt. Ein anderer Steinweg umkreist die grossen Getreidemagazine im nordöstlichen Theile der Stadt. Natürlich sind in den Kaiserlichen Gärten überall gepflasterte Wege. Ausserhalb der Stadt führt ein schöner Steinweg vom Tung hua nach dem mehr als 20 Werst entfernten Tung chou und ist im Sommer, wenn nach den heftigen Regen die ganze Umgebung Peking's und zum Theil die Stadt selbst sich in einen grossen Morast verwandelt haben, von grossem Nutzen für den Verkehr mit Tung tein und den übrigen Häfen China's. Denn bis Tung chou kommen alle Waaren zu Wasser. — Ein zweiter langer Steinweg führt aus dem Thore Si che men (11) durch das grosse Dorf Hai tien nach den Lustgärten Yüan ming yüan und Wan shou shan und setzt sich von dort als schöne harte Chaussée bis Yü ts'üan shan fort. Eine eben solche Chaussée führt von Wan shou shan längs dem See nach Süden bis zur Militaire-Kolonie Lan tien chang. — Der dritte längere Steinweg verlässt das Thor Chang yi men (17) der Chinesenstadt und führt bis in die Nähe der grossen Lu kou kiao-Brücke. Ausserdem führt ein Steinweg vom Thore Tung pien men (6) zum Tempel der Sonne (33) und ein anderer verbindet ausserhalb der Stadt die Thore P'ing tse men (12) und Si pien men (13). Fast alle die genannten Steinwege datiren aus der Zeit der Ming (15. und 16. Jahrhundert). Nur der Steinweg nach dem Sommer-Palläste gehört der jetzigen Dynastie an.

Ausser den genannten Steinstrassen kann von eigentlichen Wegen, d. h. künstlichen Strassen, die bisweilen reparirt werden, weder in der Umgebung Peking's noch weiterhin die Rede sein. Bekanntlich sind in Nord-China überall zweirädrige Karren von höchst primitiver Form, aber sehr dauerhaft, als Locomotivmittel in Gebrauch. Sie werden mit einem, auf längeren Reisen mit mehreren Maulthieren bespannt und in der Ebene kann man in diesem Fuhrwerke jeden Ort erreichen, ja selbst nach der Mongolei gelangen. Karren sind in ganz Nord-China bis zum Yang tze kiang in Gebrauch und waren schon in den ältesten Zeiten in diesen Gegenden bekannt, wofür zahlreiche Nachweise in den Chinesischen Classikern zu finden. In Süd-China existiren, so viel mir bekannt, keine Landwege, man kennt nur Wasserwege und Fusspfade. Für die Reparatur der Handels- und anderen Wege in Nord-China wird nie etwas gethan. Durch das jahrelange Befahren derselben bilden sie tiefe Einschnitte in den Boden und man fährt in der Ebene häufig auf langen Strecken durch solche künstliche Hohlwege. Da wegen der jährlich eintretenden Überschwemmungen die Wege häufig gewechselt werden müssen, so ist deshalb die Ebene von unzähligen

---

[1] Diese Informationen waren deshalb gegeben worden, weil die Europäischen Kaufleute nach den Tractaten in Peking und auf seinem Gebiete keinen Handel treiben dürfen und es sich darum handelte, wo das verbotene Land beginne.

Fahrstrassen durchschnitten und es ist leicht sich zu verirren. Auf allen Handelsstrassen giebt es in bestimmten Distancen Dörfer mit Gasthäusern für Reisende oder Handelskarawanen. Die Regierung hat ausserdem einen Postverkehr im ganzen Reiche organisirt mit Poststationen und Reitpferden, doch diese sind nur für Regierungs-Couriere oder Beamte vorhanden. Es werden in Peking besondere Reisehandbücher verkauft, in welchen für alle durch China führenden Post- und Handelswege alle Stationen für jede 20 oder 30 li, nebst genauer Angabe der Entfernungen, aufgezählt sind. Es wäre leicht, alle diese Wege in unsere Karten von China einzutragen und Wacber hat diese Angaben bereits für seine Karte von Chili verwerthet. Ich will hier die Hauptstrassen aufführen, welche radienartig von der Capitale auslaufen und welche den Verkehr mit den übrigen Theilen des Reiches vermitteln.

Beginnen wir mit der für die Europäer wichtigsten Strasse, welche Peking mit der Hafenstadt T'ien tsin verbindet. Dieser Weg ist wohl bekannt und oft beschrieben worden. Der Landweg nach Tien tsin wird von Europäern meist nur im Winter benutzt, wenn der Pei ho zugefroren. Er führt nicht über T'ung chou, sondern südlich davon direkt zum grossen Dorfe Chang kia wan und auf dem rechten Ufer des Pei ho weiter, ohne jedoch seinen Windungen zu folgen. Eine Menge grosser Dörfer liegen an dieser Strasse. Tien tsin ist auf dem Landwege etwas mehr als 100 Werst von Peking entfernt, eine Strecke, die im Karren in zwei Tagen zurückgelegt wird. Die Russische Post braucht nur 24 Stunden zwischen Peking und T'ien tsin, eben so die Couriere.

Weiter nördlich habe ich auf meiner Karte den Weg angedeutet, welcher über T'ung chou, San ho, Ki chou &c. nach Shang hai kuan (am Meere, wo die grosse Mauer beginnt) und weiter nach der Mandschurei führt. Er ist ausführlich beschrieben worden vom Archimandriten Palladius, welcher im Jahre 1870 hier reiste. Von Ki chou zweigt sich ein Weg nordöstlich ab. Er führt durch das Thor Hi feng k'ou (der grossen Mauer) nach der östlichen Mongolei.

Der nächst folgende grössere Weg nach Norden ist der, welcher über Niu lang shan, einem grossen Dorfe am Fusse eines isolirten Berges, die Stadt Mi yün hien und weiter längs dem Flusse Ch'ao ho aufwärts zur grossen Mauer und nach der Mongolei führt, namentlich zu den in der südlichen Mongolei gelegenen Kaiserlichen Lustschlosse Jehol, wo Hien feng, der Vater des jetzigen Kaisers, und auch seine Vorgänger gern weilten. Diese Strasse geht über die Gebirgskette, welche im Norden die Pekinger Ebene begrenzt, und man passirt die grosse Mauer beim Thore Ku poi kou (690 Fuss über dem Meere),

3 Tagereisen von Peking. Dieser Weg ist gleichfalls für Karren practicabel, obgleich beschwerlich. Zur Zeit der Ming-Dynastie, im 15. und 16. Jahrhundert, hatte er eine grosse strategische Bedeutung. Denn hier durch das Thal des Pei ho und die Thäler seiner Nebenflüsse anrückend, bedrohten die nach Norden vertriebenen Mongolen häufig Peking. Die Orte Hung lo chen, Fu ma chen, Lo shan chen in der Ebene (siehe Karte) sind alte Forts zur Bewachung dieser Linie (chen = Fort).

Ein zweiter Weg durch das Gebirge nach Norden und zur Mongolei führend, geht durch das Défilé Kuan kou. Die Europäer nennen es gewöhnlich den Nankou-Pass, nach dem Flecken Nan kou am südlichen Eingange. Es giebt zwei Hauptwege, um von Peking durch die Ebene nach Nan kou zu gelangen. Der Chinesische Postweg, den die Couriere und Beamten nehmen, verlässt das Thor Te sheng men (10) und passirt 2½ Werst weiter im Norden den alten oben genannten Erdwall. Hier scheint früher eins der Thore der alten Stadt gewesen zu sein. Gegenwärtig ist hier eine kleine Zollbarrière (siao kuan). Ein alter Thurm ohne Eingang befindet sich oben auf dem Walle. Einen ganz ähnlichen sieht man in der Nähe des Dorfes Ts'ing ho weiter nördlich auf dieser Route. Solche Thürme nennen die Chinesen tun t'ai und man sieht sie häufig in der Ebene. Sie datiren alle aus der Zeit der Ming-Dynastie und stellten Wachtthürme vor, eine Art Telegraph, um das Herannahen des Feindes durch bestimmte Signale zu melden, die von einem Thurme zum andern abgegeben wurden. Der Wächter bestieg den Thurm mittelst einer Strickleiter, die er dann heraufzog. Der gefürchtete Feind waren zu jener Zeit die Mongolen, deshalb sieht man diese Wachtthürme auch häufiger im Norden von Peking. Das Dorf Ts'ing ho, wo eine schöne Marmorbrücke über den Fluss führt, liegt von Peking 9 Werst entfernt. Weiter gelangt man zum grossen Dorfe Sha ho, wo sich mehrere Flüsse und Flüsschen vereinigen, über welche mehrere Marmorbrücken führen. Darauf erreicht der Postweg die Stadt zweiten Ranges Ch'ang ping ch'eu und endlich den Flecken Nan kou (was südlicher Eingang bedeutet). Der Ort liegt am südlichen Eingange des Nankou-Passes. Die Festungsmauern mit ihren Bastionen, welche den Ort umgeben, ziehen sich zu beiden Seiten die Berge hinan und werden von Reisenden häufig irrthümlich für die grosse Mauer gehalten und als solche beschrieben. Man kann von Sha ho auch gerade nach Nan kou gelangen, ohne Ch'ang p'ing chou zu berühren. Die Handelskarawanen, welche von Peking durch den Nankou-Pass nach der Mongolei gehen, halten eine andere Strasse ein, um nach Nan kou zu gelangen. Sie wählen einen mehr westlichen Weg, welcher über Hai tien, an den Sommer-Pallästen vorbei, nach den grossen Dörfern Kuan shi und Yang fang führt, wo die Karawanen überraschten. — Durch den Nankou-Pass müssen auch alle jene zahlreichen Karawanen passiren, welche den Russischen Theehandel zwischen China und Kiakhta vermitteln. Der Russische Theehandel hat bekanntlich seit Eröffnung des Suez-Kanals, was den Handelsweg anlangt, eine Modification erlitten, indem der theuern, namentlich in den Russischen Factoreien bei Hankou (am Yang tse kiang) fabricirte Thee von dort direkt zu Schiff nach Odessa versandt wird; doch der gemeine Ziegelthee, welcher den grösseren Theil des Russischen Theehandels repräsentirt und für die Völker Nord-Asien's bestimmt ist, wird nach wie vor auf dem Landwege nach Kiakhta transportirt, d. h. er kommt über Tien tsin bis Tung chou zu Wasser und wird dann auf Kameele geladen, die ihn durch die Mongolei nach Kiakhta bringen. Diese Thee-Karawanen berühren nicht Peking, sondern gehen von Tung chou in nordwestlicher Richtung über Tung pa, wo eine bekannte Zollbarriere, und Li shui kiao, wo eine schöne Brücke über den An ho führt, und kommen dann auf die Pekinger Strasse nach Nankou. Der Nankou-Pass, durch welchen eine alte künstlich angelegte Strasse führt, hat stets eine wichtige Rolle gespielt in der Chinesischen Geschichte, denn die Invasionen der nördlichen Völkerschaften in das Chinesische Reich wurden meist durch diesen Pass bewerkstelligt [1]. Auch Dschingiskhan rückte durch das Nankou-Défilé nach Peking vor. Deshalb bemerkt man auch hier an den wichtigsten Punkten ältere und neuere Befestigungswerke, um den von Norden kommenden Feind aufzuhalten. Die bedeutendste Befestigung Kü yung (der Name kommt schon zu Dschingiskhan's Zeiten vor) ist ungefähr auf einem Drittel des Défilé's näher zu Peking. Hier sieht man ein altes Thor mit interessanten Inschriften in sechs den Sprachforschern zum Theil nur sehr unvollkommen bekannten und gegenwärtig nicht mehr existirenden Sprachen (namentlich: Chinesisch, Nüchi (Tschurtsche), Uigurisch, Mongolisch, Tibetanisch, Sanscrit). Der Weg durch das Défilé war ursprünglich mit Quadersteinen gepflastert. Gegenwärtig ist er wegen der vielen Lücken sehr beschwerlich und mit Karren wohl kaum zu passiren. Ein kleiner Bergstrom rauscht durch den Engpass und eilt nach Süden der Ebene zu. Der Gipfel des Passes, von den Chinesen Pa ta ling genannt, ist nahe der Station Ch'a tao, und nach Dr. Fritsche 2060 Fuss hoch. Ch'a tao, nahe dem nördlichen Eingange, hat 1607 Fuss Höhe. Dieser Name bedeutet Gabelweg, denn hier theilt sich der Weg, der eine führt nach Norden zur Stadt Yen king chou, der andere hält eine west-

liche, später nordwestliche Richtung ein. Das ist der Weg über Huai lai hien, Süan hua fu, Kalgan nach Kiakhta. Er steigt allmählich an, geht Anfangs durch das weite Thal des Kui-Flusses, dann durch das Thal des Yang ho. Der Nankou-Pass wird gekreuzt durch die grosse Strasse von Peking nach Norden her. Die grosse Strasse von Peking nach Pao an chou führt gleichfalls durch den Nankou-Pass und durch das Yang ho-Thal. Die Défilés von Ku pei kou und von Nankou sind die einzigen einigermaassen practicabeln Zugänge nach Peking von Norden her. Es führen zwar zahlreiche Saumpfade über das Gebirge, doch sind sie ausserordentlich beschwerlich und haben weder strategische noch commercielle Bedeutung. Ebendasselbe muss von den Wegen gesagt werden, welche von Peking nach Westen auslaufen. Sobald man die Ebene verlassen, hat man es mit beschwerlichen Gebirgspfaden zu thun und muss, wenn man weiter nach Westen oder Nordwesten vordringen will, Pässe von nahezu 8000 Fuss überschreiten. Doch sind einige von diesen Saumpfaden nach den westlichen Bergen für Peking von grosser Bedeutung, weil auf ihnen die Steinkohlen transportirt werden, deren die Capitale grosse Massen verbraucht.

Endlich muss ich die grosse Heer- und Handelsstrasse erwähnen, welche von Peking nach Süden führt. Vom Thore Ch'ang yi mon gelangt man auf dem bereits erwähnten Steinwege zur schönen Brücke Lu kou kiao, wo eine Douane etablirt ist. Der Weg führt südlich durch mehrere Städte nach der Stadt ersten Ranges Pao ting fu, welches, wie ich bereits erwähnte, das administrative Centrum der Provinz Chili ist. Diese Strasse ist insofern die bedeutendste des Reiches, weil in sie die Wege von sämmtlichen südlich von Peking gelegenen Provinzen einmünden, und fast alle Wege von den verschiedenen Provinzen zur Residenz müssen die Lu kou kiao-Brücke passiren. Oxenham erwähnt in seinem Reiseberichte (Geogr. Mittheil. 1870, p. 127), dass er beim Orte Chang sin tien, südlich von der Brücke, zu beiden Seiten weithin sich erstreckende Erdschanzen sah. Weiter nach Süden gelangt man auf diesem Wege über eine zweite schöne Brücke, welche den Lin li ho-Fluss überbrückt. Auf dieser nach Süden führenden grossen Post- und Handelsstrasse wird für die Wintermonate der grösste Theil der Europäischen Post befördert, welche die Correspondenz der in Peking lebenden Europäer mit Europa und der übrigen Welt begreift. Während des grössten Theiles des Jahres ist der Verkehr zwischen Shanghai und Tien tsin (respective Peking) ein sehr reger. Fast täglich kommen in Tien tsin Dampfschiffe an und gehen ab. Doch Anfang Dezember frieren gewöhnlich der Pei ho und das anliegende Meer zu und bis Anfang März ist die Communikation mit Shanghai zu Wasser un-

---

[1] Doch spielt auch ein anderer mehr westlich, nördlich von Ta t'ang fu gelegener Pass eine grosse Rolle in der Chinesischen Kriegsgeschichte.

terbrochen. Für diese Zeit expedirt die Chinesische Regierung wöchentlich einen Courier mit der Europäischen Post von Peking nach Ch'on kiang fu (am Yang tse) und umgekehrt. Er legt diese Strecke in ungefähr 10 Tagen zurück. Ch'en kiang steht in ununterbrochener Dampfschiffverbindung mit Shanghai und so erhalten die Europäer in Peking auch im Winter regelmässig ihre Briefe und Zeitungen. Es existirt übrigens auch eine Russische Post, welche dreimal im Monate zwischen Kiakhta und Peking sich in beiden Richtungen bewegt, wozu gewöhnlich 12 Tage erforderlich. Im Winter, wenn Schlittbahn sich durch ganz Sibirien etablirt, erhalten wir in 6 Wochen Briefe und Zeitungen aus Petersburg.

4. Orographie. Grosse Mauer.

Das Gebirge, welches sich in weitem Bogen von Nordosten nach Südwesten um die Pekinger Ebene hinzieht und zahlreiche Ausläufer in dieselbe vorsendet, bildet die letzte Abdachung des Gebirgslandes, welches das Tiefland von Peking vom hohen Plateau der Mongolei trennt. Seit alter Zeit sind diese Berge bei den Chinesen unter dem Namen Ta hang ling oder Ta han ling bekannt, die westlich von Peking gelegenen führen auch den Namen Si shan (westliche Berge). Einige Höhenmessungen, welche Dr. Fritsche auf dem Wege von Peking nach der Russischen Grenze ausgeführt hat, geben ein anschauliches Bild dieser allmählichen Steigung nach der Mongolei zu.

Peking 120 Fuss. — Nankou 656. — Passhöhe des Nankou-Défilé's (die direkte Entfernung derselben von Nankou ist ungefähr 16 Werst) 2063. — Ch'a tao 1807. — Huai lai hien 1807. — Kalgan 2709. — Pass über die Bergkette im Norden von Kalgan 5355. — Das Plateau der Mongolei jenseit dieser Berge 4600. Weiter nach Norden allmähliche Einsenkung der Gobi - Wüste.

Die Berge, welche überall ziemlich steil in die Pekinger Ebene abfallen und häufig Ausläufer vorstrecken, wodurch die Ebene entsprechende grössere oder kleinere Buchten bildet, haben, soweit man sie von Peking sehen kann, eine mittlere Höhe, die man auf 3000 bis 4000 Fuss schätzen kann, doch sieht man auch einzelne Pics, welche eine Höhe von nahezu 6000 Fuss erreichen. Wenn man von einem höher liegenden Punkte dieses Peking zunächst gelegene Gebirge sieht, so scheint die Richtung der Hauptkette Anfangs von Osten nach Westen und dann in südwestlicher Richtung fortzuziehen. Dieselbe Richtung hat auch die grosse Mauer, welche, zum grössten Theil wenigstens scheint es, über den höchsten Bergkamm läuft. Ihre in gewissen Distanzen sich erhebenden Thürme habe ich von dem mehr als 4000 Fuss hohen Berggipfel beim Kloster Miao feng shan zwischen Nankou und dem Hun ho deut-

lich gesehen. Der grossen Mauer, welche in neuerer Zeit nur an wenigen Stellen von Europäern besucht worden ist, habe ich auf meiner Karte ihren Platz grösstentheils auf dem Kamme der Hauptkette angewiesen, was mit den Angaben der alten jesuitischen Missionäre übereinstimmen würde, ich kann jedoch nicht dafür einstehen, dass solches überall richtig. In einzelnen Stellen verlässt die Mauer, wie ich von Augenzeugen gehört, entschieden den hohen Kamm und setzt sich auf einer niedrigeren Parallelkette fort. Die Mauer, welche hier in Betracht kommt, ist die sogenannte innere grosse Mauer, welche südlich von der eigentlich grossen Mauer, die China von der Mongolei trennt, verläuft. Die grosse (innere) Mauer beginnt bekanntlich an der südlichen Grenze der Mandschurei am Meere und erstreckt sich nach Westen bis in die Provinz Kansu. Die innere beginnt im Norden von Huai jou hien, sich an die grosse Mauer anschliessend, verläuft in südwestlicher Richtung durch den nördlichen Theil der Provinz Chili, nimmt in der Provinz Shansi eine mehr westliche Richtung an und mündet endlich in der Nähe des Gelben Flusses wiederum in die grosse Mauer ein. Pater Hyacinth Bitschurin in seiner werthvollen Beschreibung China's (in Russischer Sprache) II, p. 163 ff., hat aus den Chinesischen Annalen alle Angaben gesammelt, welche auf die Chinesische Mauer Bezug haben, und da diese Details sehr wenig bekannt zu sein scheinen, so will ich sie hier in Kürze mittheilen. Hyacinth kommt zu dem Resultate, dass man ganz mit Unrecht der Chinesischen Mauer, in der Form, wie sie gegenwärtig erscheint, das hohe Alter von 2000 Jahren zuschreibt. Allerdings stimmen die Chinesischen Geschichtschreiber darin überein, dass Kaiser Shi huangti im Jahre 214 vor Christus eine grosse Mauer, am Ocean beginnend und sie bis zum jetzigen Kansu zu fortsetzend, erbauen liess. Doch die Annalen des 5. und 6. Jahrhunderts nach Christus berichten, dass im Laufe dieser beiden Jahrhunderte mit verschiedenen Intervallen eine grosse Mauer vom östlichen Ocean bis zum Gelben Flusse aufgeführt wurde und zwar aus Erde. Von der früheren Mauer ist gar nicht die Rede, wahrscheinlich war sie nicht mehr vorhanden. Von da ab wird der grossen Mauer für lange Zeit nicht mehr Erwähnung gethan, bis endlich in den Annalen des 15. Jahrhunderts gesagt wird, dass die Kaiser der Ming-Dynastie, fortwährend beunruhigt durch die Invasion der Mongolen, die Restauration der alten Mauer beschlossen und dieselbe mit Ziegeln bekleiden liessen; es wird jedoch nicht gesagt, in welcher Ausdehnung dieses geschah. Nach den Aussagen der alten Jesuiten ist die Mauer vom morgenländischen Meere bis zur Provinz Shansi aus gehauenen und gebrannten Steinen (Ziegeln) aufgeführt. Bei der Stadt Kalgan, wo ich die grosse Mauer gesehen, besteht sie aus übereinandergehäuften Steinen, die Thürme haben Ziegelmanern. Aus den angeführten Gründen ist es daher kaum anzunehmen, dass die grosse Chinesische Mauer, welche wir jetzt sehen, ein so hohes Alter habe, als man ihr gewöhnlich zuschreibt. — Was die Peking zunächst gelegene innere Chinesische Mauer anlangt, so ist ihr Bau im 6. Jahrhundert nach Chr. begonnen und zu Anfang des 7. Jahrhunderts beendigt worden. Es handelte sich auch hier ursprünglich nur um einen Erdwall. Im 16. Jahrhundert wurde sie gleichfalls mit Steinen und Ziegeln bekleidet. Beim Nankou-Pass, da wo diese Mauer von Europäern am häufigsten besucht wird, hat sie sich, wohl wegen der solideren Bauart, noch ganz gut erhalten, doch in ihrem weiteren Verlaufe in den wilden Gebirgen ist sie an manchen Stellen bereits im Zustande vollständigen Verfalles. Eine Anzahl grösserer Thore und eine Menge kleinerer führen durch dieselbe. Soviel über die Chinesische Mauer, auf welche ich übrigens später noch zurückkommen werde.

Nach den Höhenziffern auf meiner Karte, die ich mehreren hohen Punkten beigefügt habe und die theils auf eigene Beobachtungen basirt, theils Dr. Fritsche's Angaben entnommen sind, kann man sich ein Urtheil über die Höhenverhältnisse des Peking benachbarten Gebirgslandes bilden, doch wie man sich aus den mageren Details meiner Karte überzeugen wird, sind diese Gegenden noch ziemlich unvollkommen bekannt. Ich habe grösstentheils nur die Partien in den Kreis meiner Betrachtungen gezogen, welche ich selbst gesehen und untersucht habe. Man hat sich dieses Gebirge nicht als nackte Felsen vorzustellen, sondern als ein wunderliebliches Gebirgsland mit schöner Flora, besonders in den höheren Regionen, wo man auch geschlossene Wälder antrifft. Die zahlreichen Thäler sind gut bewässert und kultivirt. Man erstaunt in diesen oft schwer zugänglichen Thälern, inmitten eines wilden Gebirges grosse Dörfer mit trefflichen Kulturen zu finden. Romantisch gelegene uralte Klöster bergen sich in den Schluchten oder schauen wie Adlerhorste von hoch oben ins Thal hinab. Die Gebirgsscenerien hier können sich gewiss mit den schönsten Gegenden Europa's (die Alpen natürlich ausgenommen) messen, doch sind sie wegen des fremden Gepräges, welche die Vegetation und die Bauten tragen, eine Schönheit sui generis mit keiner westländischen landschaftlichen Schönheit zu vergleichen.

Von dem Gebirge, welches die Pekinger Ebene im Westen begrenzt, scheint eine ziemlich hohe Gebirgsmasse durch ein von Norden nach Süden verlaufendes, tief einschneidendes Thal vollständig abgetrennt zu sein und ragt vielfach zerklüftet weit in die Ebene hinein. Die letzten Ausläufer dieser Erhebung bestehen aus quellenreichen, lachenden

Hügeln, auf welchen seit vielen Jahrhunderten schon die Chinesischen Kaiser ihre Lustschlösser bauen. Man hat es hier eigentlich mit der Fortsetzung des hohen Gebirgskammes zu thun, welcher das linke Hun ho-Ufer begleitet und in der Nähe des Klosters Miao fong shan zu beinahe 4300 Fuss aufsteigt, doch schneidet der Pass, durch welchen man vom Kloster Ta kio sze, am Fusse der Berge zum Hun ho gelangt, so tief in das Gebirge ein, dass seine Höhe nur wenig den Hun ho überragt, und auf diese Weise entsteht eine ganz gesondert erscheinende Berggruppe, deren höchsten Punkt Ta r ting ich auf 3000 Fuss schätze. Diese Berggruppe mit ihren zahlreichen Thälern, Schluchten und in die Ebene auslaufenden Hügeln gehört zu den lieblichsten Gegenden in der Umgebung Peking's. Hier befinden sich mehrere kaiserliche Lustgärten und aus dem dunkeln Grün der Haine schauen zahlreiche Paläste, Kioske und Thürme hervor. Rings umher sind die Hügel bedeckt mit schönen Begräbnissplätzen, alten Klöstern und ihren Gärten.

Das Gebirge auf dem rechten Ufer fällt aus der Ebene gesehen durch ein seltsam geformtes Pic auf. Ich habe es auf der Karte unter dem Namen M' Conolly angedeutet. Die Engländer haben es so nach dem ersten Europäischen Besteiger benannt, doch die Chinesen nennen diesen Berg Ts'ing shui tsien. Ich kenne ihn nicht aus eigener Anschauung. Man hat mir erzählt, dass sein Gipfel, den ich auf 5- bis 6000 Fuss schätze, von einer schönen Flora bedeckt sei. Hinter diesem Pic bemerkt man von Peking aus in weiter Ferne einen zweigipfligen Berg, welcher alle umstehenden Gebirgsketten überragt. Das ist der gefeierte Po hua shan oder Berg der hundert Blumen der Chinesen, ungefähr 7500 Fuss hoch.

Ich werde meine Reise dorthin weiter unten beschreiben und dabei Näheres über die Gebirgsgliederung jener Gegend mittheilen.

5. Hydrographie.

Die Pekinger Ebene wird durch zwei Flusssysteme bewässert, die des Hun ho und des Pei ho. Beide kommen von Norden her von den Grenzen der Mongolei, durchbrechen die vorliegende Bergkette, zahlreiche Nebenflüsse aufnehmend, fliessen darauf eine lange Strecke durch die Ebene und vereinigen sich unweit Tien tsin.

Der wichtigere dieser beiden Flüsse ist der Pei ho [1]), denn er ist auf einer bedeutenden Strecke schiffbar und bildet seit dem 13. Jahrhundert ein Glied des grossen Kaiserkanals, welcher die Residenzstadt mit den übrigen Wasser-

---

[1]) Ich behalte diese von den Europäern angenommene Schreibweise bei, obgleich es richtiger wäre Pai ho zu schreiben (weisser Fluss), denn so lautet der Chinesische Name im Pekinger oder Mandarin-Dialect.

2*

systemen China's in Verbindung bringt. Er entspringt ausserhalb der grossen Mauer, nördlich vom Thore Tu shi k'ou,
kreust dieselbe, hält Anfangs eine südliche Richtung ein,
dann eine südöstliche und nimmt, nachdem er das Gebirge
durchbrochen und noch zweimal die grosse Mauer ge-
kreust, von Osten den Ch'ae ho auf, fliesst wiederum südlich, jetzt schon in der Ebene und unweit der Stadt Tung
chou nimmt er endlich eine südöstliche Richtung an und
erreicht so nach vielfachen grösseren und kleineren Windungen Tien tsin und, nachdem er sich mit mehreren anderen Flüssen vereinigt, das Meer. Bei Tung chou nimmt
der Pei ho von Westen her den Sha he-Fluss auf und
dieser wird wiederum durch verschiedene von Norden und
Westen kommende Nebenflüsschen gespeist, welche wir
näher betrachten wollen.

Von der süddstlichen Seite des Berges Yü ts'üan shan
quillt ein sehr wasserreicher Quell, welchen die Chinesen
yü ts'üan (Nephrit-Quelle) nennen. Schon vor vielen Jahrhunderten wurde sein Wasser zur Bildung eines künstlichen
See's benützt, welcher K'un ming hu heisst, und um
welchen herum noch gegenwärtig kaiserliche Lustgärten
liegen. Dieser See hat zwei Abflüsse. Der eine verlässt
ihn im Norden in der Nähe von Wan shou shan, fliesst
durch das Dorf Ts'ing lung kiao, wo eine schöne Brücke,
passirt etwas weiter nach Osten das Dorf An ho kiao,
wo gleichfalls eine Marmorbrücke, erreicht das Dorf Ts'ing
he (wiederum eine Marmorbrücke), noch weiter nach Osten
beim Dorfe Li shui kiao ist die vierte Brücke über diesen Fluss, welcher endlich in den Sha he ausmündet. Ein
kleiner Theil des Wassers vom K'un ming hu versorgt die
Gärten von Yüan ming yüan, doch den grössten Theil seiner Wassermasse entsendet er durch einen südlichen Abfluss nach Peking, welcher einen etwa 20 Schritt breiten
Fluss bildet, der anfangs eine südliche Richtung einhält,
doch unterhalb der Militärkolonie Lan tien chang sich
nach Osten wendet und die nordwestliche Ecke Peking's
erreicht, wo sich ein kleines Wasserreservoir befindet. Dieser Fluss hat zwischen dem See und Peking auf einer
Strecke von ungefähr 10 Werst 5 Marmorbrücken. Die
erste und schönste ist die Lo kuo k'iao (Buckelbrücke)
nicht weit vom See, eine zweite ist bei Lan tien chang,
die dritte bei Wan shou ssze, die vierte westlich von San
peitze, die fünfte, Kao liang kiao, an der nordwestlichen
Ecke von Peking. Ein Theil des Wassers richtet sich nun
durch die nördliche Stadtmauer nach Süden, die See'n bei
den Kaiserpalästen bildend, ein anderer füllt den äusseren
Stadtgraben, welcher rings Peking umgiebt, mit Wasser.
Alles Wasser sammelt sich schliesslich wieder beim (östlichen) Thore Tung pien men (6) und bildet hier den Be-
ginn des Kaiserkanals. In früherer Zeit fuhren die Kaiser

zu Boot nach den Sommerpalästen auf dem südlichen Ab-
flusse des K'un ming hu. An den Ufern des Flusses standen früher schöne Gärten und Paläste, von welchen jetzt
nur geringe Spuren nachgeblieben. Die vom Yü ts'üan shan
stammende Wassermasse erhält, vordem sie den Kaiserkanal
bildet, noch einen kleinen Zuschuss von Westen her. 2 Werst
im NW. vom Thore Si pien men (13) nämlich befindet sich
ein kleiner See, 1 Werst lang, $\frac{1}{2}$ Werst breit, welcher einst
künstlich angelegt worden, indem das Wasser von den westlichen Bergen hierher geleitet wurde. Dicht am See befindet sich ein schöner Park mit einem Lustschlosse, welches Tiao yü t'ai heisst (Fischfang-Terrasse). Hierher
pflegten einst die Chinesischen Kaiser zu kommen, um Fische
zu angeln. Lange Zeit war dieser See vollständig ausge-
trocknet und ich erinnere mich der Zeit, wo in seinem
trockenen Bette Wettrennen gehalten wurden. Doch seit
mehreren Jahren hat er sich wieder mit Wasser gefüllt
und hat seinen Abfluss durch das kleine Flüsschen San
li he, welches sich beim Thore Si pien men in den Stadtgraben ergiesst. — Der Kaiserkanal beginnt, wie ich bereits erwähnte, am Thore Tung pien men (6) als ein tiefer
breiter Kanal, welchen die Europäer gewöhnlich den T'ung
chou-Kanal nennen, weil er nach Tung chou führt, doch
der Chinesische Name ist T'ung hui ho oder Yün liang
ho. Er hat bis Tung chou 5 Schleusen, durchsetzt diese
Stadt und ergiesst sich östlich davon in den Sha ho, welcher nahe dabei sein Wasser dem Pei ho abgiebt. — Schliesslich muss ich noch eine Wasserquelle, welche der Pei ho
erhält, erwähnen. Wenn man das Thor Ch'ang yi men
(17) verlässt und ungefähr 2 Werst auf der Steinstrasse
fortgeht, so bemerkt man zur rechten Hand einen wohl
30 Fuss hohen Erdwall, der ein ziemlich regelmässiges
Viereck bildet und den man für eine alte Stadtmauer halten könnte, wenn der eingeschlossene Raum (kaum eine
Quadratwerst) grösser wäre. Besteigt man den Wall, so
entdeckt man, dass er einen See oder besser Sumpf ein-
schliesst, welcher zu Reiskulturen benutzt wird und wo
auch Rohr (Arundo phragmites) gezogen wird. Dieser See
heisst Lien hua ch'i (Lotus-Teich) und sein Abfluss kreuzt
den Steinweg und beschreibt dann einen weiten Bogen um
die Chinesenstadt, im Südwesten derselben wieder Sümpfe
bildend. Dann fliesst er durch sumpfiges Terrain zwischen
der Chinesenstadt und dem Jagdparke Nan hai tze und tritt
endlich in den letzteren ein, innerhalb kleine See'n bildend.
Derselbe Fluss, welcher den Namen Liang shui führt,
tritt bei Ma shui kiao wieder aus dem Parke heraus,
fliesst nach Osten und ergiesst sich in den Pei ho. In
den Sümpfen, welche der Liang shui bildet, ist schöne
Schnepfenjagd.

Der Pei ho ist während seines ganzen Laufes durch die

Pekinger Ebene, wenn auch nicht an allen Jahreszeiten, so doch den grössten Theil des Jahres, schiffbar. Im Herbste, nach den Sommerregen, hat die Schifffahrt auf ihm, selbst mit grossen Booten, keine Schwierigkeit. Von Tung chou gelangt man in einem Chinesischen Boote stromabwärts nach Tien tsin (170 Werst zu Wasser) in 1½—2 Tagen, stromaufwärts dauert die Reise gewöhnlich doppelt so lange. Der Fluss wäre bis Tung chou hinauf selbst für kleine Dampfer schiffbar. Der Verkehr auf dem Pei ho ist ein sehr bedeutender, denn die Capitale bezieht den grössten Theil ihres Bedarfs an Lebensmitteln und Waaren auf diesem Wege über die grosse Hafenstadt Tien tsin, welche noch 100 Werst (zu Wasser) vor der Mündung des Pei ho in den Golf von Chili liegt und von unzähligen Chinesischen Jonken und Europäischen Dampfschiffen aller Nationen frequentirt wird. Im Winter friert der Pei ho für ungefähr drei Monate zu und dann hört natürlich aller Wasserverkehr zwischen Peking, Tien tsin und den übrigen Häfen auf. Doch während der übrigen Zeit des Jahres kommen fast täglich Dampfer in Tien tsin an (meist mit Opium) und auch auf dem Pei ho herrscht dann ein reges Leben, man begegnet namentlich ganzen Flotten mit Reis beladener Boote, oder grossen Flössen aus Bauholz, welches aus Mandschurien und Corea kommt. Bei Tien tsin mündet der eigentliche Kaiserkanal, oder vielmehr der Fluss Wei, welcher für eine lange Strecke den Kaiserkanal bildet. Der Zweck dieses Kanals, welcher zu Ende des 13. Jahrhunderts angelegt wurde, war, die Capitale regelmässig mit Reis aus den südlichen Reisprovinzen zu versorgen. Gegenwärtig ist der Kaiserkanal unterhalb Tien tsin fast gar nicht benutzt. Es wird auch für seine Unterhaltung nichts mehr gethan. Die Dampfschiffe haben ihn unnöthig gemacht und seit einigen Jahren giebt es eine Chinesische Dampfschifffahrts-Gesellschaft, welche sich namentlich mit dem Reistransporte aus den südlichen Häfen nach Tien tsin abgiebt. Von hier wird der Reis dann in Barken nach Peking gebracht. Zwischen Tung chou und Peking hat die Wasserfahrt einige Schwierigkeiten wegen der Schleusen im Kanal, und die Waaren müssen fünfmal auf dieser kurzen Strecke umgeladen werden. Vier Werst westlich von Tung chou befindet sich die historische Brücke Pa li k'iao, den Kanal überbrückend, wo die Franzosen 1860 einen Sieg erfochten. Ausser dieser Brücke führen über den Tung chou-Kanal noch zwei Brücken, eine in Tung chou selbst, die andere bei Peking vor dem Thore Tung pien men (6). Die letztere heisst Ta t'ung kiao.

Während der Pei ho ein höchst nützlicher Fluss ist für die Bewohner Peking's und der Pekinger Ebene, ist der Hun ho wenig Nutzen bringend und ausserdem ein gefährlicher Strom durch seinen rapiden Lauf und die Nei-

gung, das anliegende Land zu überschwemmen. Einen Beleg für den Respekt, den die Chinesen vor dem Hun ho haben, bieten die gewaltigen Dämme, welche an seinem linken Ufer beim Berge Shi king shan und beim Kloster Pei hui tai miao aufgeführt worden sind. Dort bewacht auch eine eiserne Kuh den Fluss. Der Volksaberglaube lässt sie brüllen, wenn das Wasser steigt. Nach den Chinesischen Karten befinden sich die Quellen des Hun ho in den Gebirgen des nördlichen Shan si. Östlich von der grossen Stadt Pao an chou vereinigen sich unter spitzem Winkel zwei Flüsse, von denen der nördlichere Yang ho, der südlichere Sang kan ho heisst. Sie erhalten ihr Wasser oberhalb aus mehreren kleinen Flüssen aus den Gebirgen des nördlichen Shan si, einige Zuflüsse kommen aus der Mongolei. Aus dem Zusammenflusse des Yang ho und des Sang kan ho, welche, wie mir ein Augenzeuge sagte, beide von gleicher Breite sind, entsteht nun der Hun ho, auf den Chinesischen Karten auch Yung ting ho genannt. Er fliesst Anfangs durch ein breites kultivirtes Thal in südöstlicher Richtung, nimmt von Osten her den Kui-Fluss auf und weiter unten einen anderen von Westen aus dem Gebirge kommenden Fluss, welcher vorher bei der Stadt Fen shan p'u vorbeifliesst. Endlich nimmt der Hun ho eine mehr südliche Richtung an und bricht sich ungefähr da, wo die innere grosse Mauer seinen Weg kreuzt, bei Yen ho ch'eng, Bahn durch die letzte hohe Gebirgskette, welche ihn noch von der Ebene trennt. Die Chinesen erzählen, dass er eine Strecke unterirdisch fliessen soll. Die Strecke, welche der Fluss sich nun durch das Gebirge winden muss, in einem engen Bette von steilen Felsen eingefasst, kann man auf 80—100 Werst schätzen. Bisweilen erweitert sich das Thal und macht freundlichen Dörfern Platz. Die Richtung des Flusses, während er die Berge durchbricht, ist Anfangs eine südliche. Beim Dorfe Ts'ing pei k'ou nimmt er einen kleinen Bergstrom auf, welcher von Südwesten kommt, und biegt dann unter spitzem Winkel nach Nordosten um, um bald darauf wieder seine Hauptrichtung zu ändern, und in vielfachen grösseren und kleineren Windungen eilt nun der Fluss immer zwischen hohen Bergen aus Südosten der Ebene zu, welche er in der Nähe des Dorfes San kia tien erreicht. Er ist auf dieser ganzen Strecke, scheint es, für die Schifffahrt nicht geeignet, theils weil sein Wasserstand so veränderlich ist zu verschiedenen Stellen und zu verschiedenen Jahreszeiten, und ausserdem bietet auch die Rapidität seines Laufes einige Schwierigkeiten. Doch begegnet man in den Bergen bisweilen Holzflössen, welche den Hun ho hinabtreiben, und im Mittelalter wurde er, wie die Chinesischen Annalen berichten, zum Flössen von Holz und zum Transport von Steinen (wohl Schiefer oder vielleicht Steinkohle gemeint) aus den Bergen benutzt. In der grossen Chinesi-

schen Beschreibung Peking's werden verschiedene alte Schrift-
steller citirt, welche berichten, dass schon im 12. Jahrh.
zur Zeit der Kin-Dynastie ein vom Hun ho nach der Capitale abgeleiteter Kanal existirte, welcher beim Dorfe Ma
yü begann (das Dorf existirt noch heute, s. Karte) und
dann im Norden der Stadtmauer vorbeiführte. Hierbei drohte
jedoch der Capitale durch Überschwemmung Gefahr und zur
Zeit eines Krieges wurde beschlossen, den Ausfluss dieses
Kanals aus dem Hun ho durch grosse Steine zu verschliessen.
Doch unter Kubilai Khan's Regierung (bevor Marco Polo
nach Peking kam) proponirte ein hoher Beamter, derselbe,
welcher die Arbeiten des Kaiserkanals leitete, diesen alten
Hun ho-Kanal wieder zu öffnen, damit der Capitale das
Wasser zu gut komme und man Steine und Holz aus den
Bergen flössen könne. Dieser Plan wurde auch ausgeführt
und ein Theil des Hun ho-Wassers über Peking in den
Kaiserkanal geleitet, und um Überschwemmungen vorzubeu-
gen, wurde ein zweiter Kanal im Westen vom Hun ho
abgeleitet, welcher einen Bogen beschreibend wieder in den
Fluss einmündete. Bei Überschwemmungsgefahr für die Capitale konnten die Schleusen dieses Kanals geöffnet werden.
Doch diese Vorsichtsmaassregeln scheinen nicht den gewünsch-
ten Effekt gehabt zu haben, denn die Chinesischen Annalen
berichten, dass unter der Mongolen-Dynastie der vom Hun
ho nach Osten abgeleitete Kanal in Folge statt gehabter
grosser Überschwemmungen wieder verschlossen wurde. In
der That, der Regenfall in den Monaten Juli und August
ist in Nord-China so abundant, dass die Gefahr der Überschwemmung durch einen nach Peking abgeleiteten Fluss
wohl begreiflich. Die ungeheueren Schleusen dieses alten
Kanals habe ich im Norden vom Berge Shi king shan selbst
gesehen, habe jedoch nicht Gelegenheit gehabt, die Spuren
des Kanals zu verfolgen, dessen Verlauf mit Angabe der
Orte, welche er berührte, in dem Chinesischen Werke beschrieben wird. Es ist interessant, in Marco Polo's Bericht
über Peking zu lesen, dass die neue Stadt, welche Kubilai
Khan erbauen liess und welche, wie ich oben bemerkte, ungefähr der heutigen Mandscharenstadt entspricht, von der
alten (welche die Kin erbaut) durch einen Fluss getrennt war.
Hier ist offenbar der vom Hun ho abgeleitete Kanal gemeint.
Doch kehren wir zum Hun ho zurück, von welchem Marco
Polo gleichfalls spricht und den er Pulisanghin nennt. (Ich
erwähnte, dass der Hun ho in seinem oberen Laufe noch
gegenwärtig Sang kan heisst.) Marco Polo erzählt auch,
dass dieser Fluss schiffbar. Er ist es auch wahrscheinlich
gegenwärtig während seines südlicheren Laufes in der Ebene,
doch oberhalb der Brücke Lu kou kiao habe ich nie Boote
gesehen mit Ausnahme derer, welche die Überfahrt an verschiedenen Stellen und in den wasserreichen Jahreszeiten
vermitteln. An verschiedenen Stellen oberhalb werden auch

bisweilen Brücken improvisirt, doch ist die schöne Lu kou
kiao-Brücke die einzige permanente Überbrückung des Stro-
mes. Wir werden weiter unten noch Gelegenheit haben,
dieses monumentalen Bauwerkes, eines der acht Wunder
Peking's nach Chinesischen Werken, zu gedenken. Da wo
der Hun ho aus den Bergen hervorbricht bis zur grossen
Brücke kann man ihn fast das ganze Jahr hindurch à gué
passiren. In seinem ferneren Laufe durch die Ebene, wo
seine Ufer zum grossen Theile aus Sandflächen bestehen,
hält der Hun ho, nach den Chinesischen Karten, erst eine
südliche, dann eine südwestliche Richtung ein und vereinigt
sich endlich vor T'ien tsin mit dem Pei ho. Doch vorher nimmt er noch links den Feng ho auf, ein Flüsschen, welches aus dem Parke Nan hai tsz kommt, und sen-
det nach Süden einen Arm ab zu dem See'n oder Morästen,
welche sich östlich von Pao ting fu befinden und ihre Wasser gleichfalls in den Pei ho entleeren. Dahin fliessen auch
auf verschiedenen Umwegen der Maug niu ho und der
Liu li ho, zwei Flüsse, welche gleichfalls auf meiner
Karte verzeichnet sind. Den oberen Lauf der letzteren
kenne ich aus eigener Anschauung, doch darüber Näheres
bei Beschreibung meiner Reise zum Po hua shan-Berge.
Manche von den auf meiner Karte verzeichneten Flüsschen
führen nur in der Regenzeit Wasser, während sie im Winter
ganz trocken sind, und man erfährt nur durch die sichtbaren
grossen Marmorbrücken, aus grossen Quadersteinen gebaut,
dass man ein Flussbett passirt. Solcher Brücken, die meist nur
in der Regenzeit benutzt werden, giebt es unzählige in der
Umgebung Peking's. Die meisten derselben stammen, eben so
wie die meisten Steinwege, aus der Zeit der Ming 1368—
1644, einige sind auf Befehl von Kang hi oder Kien lung
(der gegenwärtigen Dynastie) erbaut und bezeugen, dass jene
Monarchen die Wichtigkeit des geregelten Verkehrs für
das Wohl des Staates begriffen. Doch die gegenwärtige
miserable Chinesische Regierung weist nicht allein hart-
näckig Eisenbahnen zurück, sondern kümmert sich überhaupt gar nicht darum, wie der Handelsverkehr im Lande
zu Stande kommt. Ein grosser Theil der Capitale und der
Umgegend werden alljährlich überschwemmt. Kein Spaten-
stich wird gethan, um dem Wasser Abfluss zu verschaffen.
Der Verkehr wird nur auf weiten Umwegen möglich. Die
Sorglosigkeit der Regierung geht so weit, dass bis jetzt
noch nichts gethan worden ist, um die Stadtmauer Peking's
zu repariren, welche vor zwei Jahren an mehreren Stellen
zusammenstürzte. An diesen Stellen kann man sich ausserdem davon überzeugen, dass in der That die Mauer (erbaut
im 15. Jahrhundert) aus einem nur von aussen mit Ziegeln
bekleideten Erdwall besteht, wie solches die Chinesischen
Annalen angeben. Zum Schlusse will ich noch bemerken,
dass, wenn man die alten Chinesischen Angaben über das

Fluss- und Kanalsystem der Pekinger Ebene mit der gegenwärtigen Beschaffenheit vergleicht, man sich überzeugt, dass der Wasserlauf hier manche Veränderungen erlitten hat, theils durch künstliche Ableitungen, für welche die Chinesen von jeher grosse Vorliebe gehabt, theils ist es auch eine Eigenthümlichkeit der Flüsse Nord-China's, ihren Lauf zu ändern. Ich brauche nur an den König der Chinesischen Ströme zu erinnern, den **Huang ho** oder Gelben Fluss, welcher vor 4000 Jahren beim heutigen T'ien tsin (39° n. Br.) in den Golf von Chili ausmündete, und es haben sich in den Chinesischen Classikern (Shu king) genaue Beschreibungen erhalten, wie Kaiser Yü damals seinen Lauf regulirte. Viele Male wechselte der Gelbe Fluss darauf, von der Stelle ab, wo er nicht mehr von Bergen eingezwängt fliesst, sein Bett, und seit dem 13. Jahrh. mündete er mit dem Huai-Flusse vereint unter dem 34° n. Br., bis endlich vor ungefähr 24 Jahren es ihm beliebte, wiederum den Golf von Chili aufzusuchen, wo er gegenwärtig unter 37¼° mündet.

6. Allgemeine Charakteristik der Pekinger Ebene.

Die Bezeichnung „Pekinger Ebene" ist ein etwas vager Begriff, da die grosse Ebene sich im Süden und Süd-Osten sehr weit erstreckt. Ich umfasse in meinen speciellen Beschreibungen nur die nächste Umgebung Peking's, welcher durch die Nähe der Residenzstadt ein eigenthümliches Gepräge gegeben wird, doch passt der Charakter der Landschaft, welchen ich in dem Nachstehenden skizzire, grösstentheils auf die ganze Ebene von Chili.

Der Reisende, welcher zu Dampfer nach T'ien tsin kommt, sieht, wenn er zuerst das Fernrohr nach der Chinesischen Küste richtet, nichts als einen schmalen, schmutziggelben Streifen flachen Landes, auf welchem die einzigen hervorragenden Gegenstände zwei miserable, die Mündung des Pei ho beherrschende Forts sind. Erst wenn er diese Forts hinter sich hat und der Dampfer den Schlangenwindungen des von unzähligen Chinesischen Fahrzeugen bedeckten Flusses folgend, sich T'ien tsin nähert, wird die Gegend belebter. Er sieht Felder, Gärten, Dörfer, hin und wieder Klöster, diesem oder jenem Flussgotte geweiht. Endlich erreicht er **Tse chu lin**, welches früher ein Chinesisches Dorf war, jetzt aber den vollständigen Charakter eines Europäischen Städtchens trägt, denn hier wohnen die meisten der Europäer, deren Berufsgeschäfte ihre Anwesenheit in T'ien tsin erheischen. Man findet dort Europäisch gebaute Häuser, Strassen und andere Annehmlichkeiten westlicher Civilisation. Wird die Reise von hier weiter nach Peking fortgesetzt, so geschieht das gewöhnlich zu Wasser den Pei ho aufwärts. Eins oder mehrere Chinesische Boots werden gemiethet, in welche man sich mit allem mitgebrachten Comfort installiren kann. Die Locomotions-Methode ist eine combinirte, theils

wird das Boot von am Ufer gehenden Leuten gezogen und dabei mit grossen Ruderhaken nachgeholfen, theils benutzt man die Brise und spannt Segel auf. Doch bevor man so weit ist, hat man noch einige Schwierigkeiten zu überwinden, denn die grosse Stadt T'ien tsin, durch welche der Pei ho fliesst, muss durchsetzt werden, während der Fluss in einer Ausdehnung von etwa 4 Werst von Fahrzeugen verschiedener Art buchstäblich bedeckt ist. Die Passage ist deshalb sehr beschwerlich und namentlich an der Stelle, wo der Kaiserkanal ausmündet, wird man lange aufgehalten. Sind endlich alle diese Hindernisse überwunden und hat man vor sich freies Fahrwasser, so bringt die Fluth, welcher man die Reise gewöhnlich anpasst und die sich bis zum Dorfe Yang ts'un bemerkbar macht, das Boot rasch bis dorthin. Weiter hinauf ist man auf die oben angegebenen Hülfsmittel der Fortbewegung angewiesen. Der Anblick der Ebene, welchen eine solche Bootfahrt zu beiden Seiten gewährt, ist im Sommer ein recht freundlicher. Man sieht grüne Kornfelder, in ihnen eingestreut liegen Baumanpflanzungen, Gärten, grössere und kleinere Dörfer und Farmen. Der Landweg von Peking nach T'ien tsin berührt nur an einzelnen Stellen den Pei ho, denn er hält mehr die gerade Linie ein, während der Pei ho sich in launenhafter Weise durch die Ebene schlängelt. So gelangt man nach 2—3 Tagen oder mehr in die Nähe der grossen Stadt Tung chou, wo gewöhnlich eine grosse Jonkenflotte ankert, weshalb man zu Boot häufig nicht bis Tung chou gelangen kann. Der Reisende sieht es auch stets vor, von hier, sei es im Karren, zu Esel oder zu Pferde, die Residenz zu erreichen, welche nur 3 Stunden von Tung chou entfernt ist. Je mehr man sich der Capitale nähert, desto belebter wird die Gegend und zahlreiche Klöster, baumreiche Begräbnissplätze und grosse Marmordenkmäler zieren die Landschaft. Die Begräbnissplätze vornehmer Familien machen sich kenntlich durch die schönen Fichten- und Juniperus-Haine, welche sie beschatten. Die Marmor-Denkmäler haben gewöhnlich die Form einer riesigen Schildkröte, welche auf ihrem Rücken eine aufrechte Tafel mit Inschriften trägt. Erst kurz vor Peking erblickt man die sich in langer Linie nach beiden Seiten hinziehende crenelirte Stadtmauer und den sonderbaren mehretagigen Thurm über dem Thore Tung pien men, durch welches man in die berühmte Chinesische Metropolis einsieht, deren Merkwürdigkeiten jedoch nicht in mein Programm gehören. Versetzen wir uns sogleich zur anderen Seite der Stadt, wo wir in der Ferne die Berge in anmuthigen Formen die Ebene begrenzen sehen.

Der interessanteste und an Naturschönheiten reichste Theil der Umgebungen Peking's ist jedenfalls der Theil der Ebene, welcher sich zwischen den westlichen Bergen und der Capitale befindet, und die angrenzenden Berge selbst mit ihren unzähligen alten Klöstern, Palästen und Ruinen, ihren schattigen Hainen und Schluchten, aus denen silberklare Bäche zur Ebene herabrieseln. Seit der Zeit, wo Peking die Residenz der Chinesischen Kaiser geworden, haben diese hier ihre Lustschlösser angelegt und vaste Klöster erbauen lassen und mit jenem architektonischen Luxus ausgestattet, vor welchem selbst unsere durch Kunstgenuss verwöhnten westlichen Reisenden mit Bewunderung stehen bleiben. Doch viele der alten kostbaren Bandenkmäler auf diesem classischen Boden, auf dieser Chinesischen Romagna, liegen gegenwärtig nur als malerische Ruinen umher und nur wenige der einst so prachtvollen Klöster werden gegenwärtig noch in gutem Stande erhalten. Der Buddhismus hat in diesem Jahrhunderte in China fast alle Bedeutung verloren und ist eher als ein traditioneller Aberglaube, von alten Weibern und Mönchen, ohne jeglichen Fanatismus cultivirt, zu betrachten, denn als eine religiöse Anschauung [1]. Doch in früheren Zeiten war der Buddhismus (eingeführt in China im ersten Jahrhunderte unserer Zeitrechnung) in grosser Blüthe im Reiche der Mitte. Zeugniss legen dafür ab die zahllosen Tempel und Klöster, welche man in ganz China antrifft. Wahrlich, weder Spanien noch Italien können sich, was Klöster anlangt, mit China messen. Nach Tausenden kann man sie in der Capitale und in ihrer Umgebung zählen. Fast alle sind Buddhistenklöster (darunter einige Mongolische Lamaklöster), nur wenige gehören jener Sekte an, welche unter dem Namen der Taoisten bekannt ist. Die grössere Mehrzahl von ihnen ist gegenwärtig im Verfall und häufig sieht man die aus Bronze oder Thon geformten Götter, verlassen und obdachlos, bereits unter freiem Himmel sitzen. Doch alle diese Klöster haben ihre Geschichte und ihre Traditionen, die sorgfältig von den Chinesen aufgezeichnet worden und auf Marmortafeln an Ort und Stelle zu lesen sind. Die Geschichte einiger Klöster in und bei Peking geht auf tausend, ja sogar tausend fünfhundert Jahre zurück. Der grösste Theil der noch jetzt erhaltenen oder in Ruinen daliegenden Klöster datirt aus der Mongolenzeit (1280—1368) oder aus der Zeit der Ming (1368—1644), Khubilai Khan namentlich war ein grosser Anhänger des Buddhismus. Was die gegenwärtige Dynastie anlangt, so waren es vorzüglich die Kaiser Kang hi (1662—1723) und Kien lung (1736—1796), welche in der Umgebung Peking's neue Klöster gründeten, doch dieses Jahrhundert hat kaum mehr etwas an monumentalen hervorragenden Chinesischen Bauten aufzuweisen. Die Klöster China's sind gewöhnlich alle nach demselben Plane angelegt. Der Klostergrund, oft von grosser Ausdehnung und grosse Gärten einschliessend, ist von einer soliden

Mauer umgeben. Durch einen grossen Vorhof gelangt man zu den eigentlichen Klosterhöfen, die einer hinter dem andern liegen, in den Bergen stets terrassenförmig. Jeder Hof enthält einen Tempel für eine bestimmte Gottheit (selten vermisst man die vielarmige Pusa, Göttin der Wohlthätigkeit). Gewöhnlich ist die Fronte der Tempel nach Süden gerichtet, nur in den Bergen macht man eine Ausnahme und sieht beim Bau des Tempels die Richtung des Bergrückens, den Lauf des Bergstromes und den Charakter des Berggeistes in Betracht. Im rechten Winkel zu den Tempeln stehen die Gebäude, in welchen die Mönche leben, und dort finden sich auch die Räume für Reisende, denn in China vertreten die Klöster häufig, und namentlich für vornehme Reisende, die Stelle von Gasthäusern, doch muss man für seinen Unterhalt selbst sorgen, wenn man nicht mit der frugalen Mönchskost, Hirsebrei und Grünthee, vorlieb nehmen will. Ein grosser Theil der Europäischen Bevölkerung von Peking verlässt im heissen Sommer die stanbige Stadt und siedelt sich in den Klöstern der benachbarten Berge an. Die Tempel und Wohnungen in den Klöstern sind gewöhnlich sehr solid gebaut. Das Gerippe des Hauses ist aus Holz. Eine Anzahl aufrecht gestellter Balken trägt die solid verbundenen Sparren des Daches, welches mit grauen Dachpfannen gedeckt ist. Die leeren Räume zwischen den Wandbalken, welche stets roth angestrichen sind, werden durch eine Ziegelmauer ausgefüllt. Die Mönche in diesen Klöstern haben im allgemeinen den Ruf bedeutender Schurken, zeigen jedoch hinsichtlich ihrer Klosterregeln, Kleidung, Lebensweise &c. eine merkwürdige Ähnlichkeit mit dem, was wir in katholischen Klöstern sehen. Sie geben sich gewöhnlich mit Vorliebe der Gartenkultur hin und beschaffen alles zu ihrem Lebensunterhalte Nöthige aus ihren eigenen Gärten. Auch findet man bei ihnen ausser den schönsten Bäumen, welche die Nord-Chinesische Flora aufzuweisen hat, auch die seltensten Blumen des fernen Ostens. Unter den Bäumen, welche in den Klöstern selbst und in ihrer Umgebung gepflegt werden, muss ich zunächst die prachtvolle weissrindige Fichte, Pinus Bungeana, erwähnen, welche eben so wie ihre weitzweigige Schwester, Pinus Massoniana, selten in den Klosterhöfen fehlt. Ein anderer geheiligter Baum der Buddhisten Nord-China's ist die herrliche Chinesische Rosskastanie, Aesculus chinensis, so lo sha auf Chinesisch, welche hier für den Baum gehalten wird, unter welchem Buddha gestorben. Doch das war bekanntlich ein Indischer Baum, der Sal-Baum (Shorea robusta). Auch die stolze schattige Salisburia adiantifolia mit ihren sonderbar geformten Blättern, so wie Sophora japonica beschatten häufig die Chinesischen Tempel. Schliesslich will ich unter den von den Mönchen kultivirten Fruchtbäumen Diospyros Kaki

---

[1] Daraus dürfen jedoch missionsfreundliche Utopisten in Europa nicht folgern, dass die Chinesen sich dem Christenthume zuwenden.

nennen, deren grosse orangefarbene Früchte von den Chinesen sehr geschätzt werden. Näheres über diese Bäume in einem anderen Abschnitte.

Ein eigenthümliches Gepräge erhält die Landschaft in der Nachbarschaft Peking's durch die überall eingestreuten Grabdenkmäler und Begräbnissplätze. Die letzteren sind schon aus der Ferne kenntlich durch die schönen Baumgruppen, welche diese Orte beschatten. Wenn nicht eine Mauer den Friedhof umgiebt, so ist dieselbe durch eine Hecke aus Juniperus chinensis ersetzt, in deren Mitte sich die Tumuli erheben. Die Begräbnissplätze der Prinzen und fürstlichen Familien haben an ihrem Eingange colossale Löwenstatuen aus Bronce oder Marmor. Man sieht auch bisweilen eine vollständige Allee von Thierstatuen den Eingang bewachen. Vaste Haine von Pinus sinensis und Pinus Bungeana beschatten die Grabhügel. Als Grabdenkmäler figuriren meist die bereits erwähnten Marmor-Schildkröten, welche die Tafeln mit der Inschrift auf ihrem Rücken tragen. Nicht selten sieht man zwischen dem Laube der Bäume diese colossalen, thurmähnlichen ausgebauchten Grabdenkmäler, welche unter dem Namen „Suburga" bekannt sind. Diese zerstreut umherliegenden Begräbnissplätze, welche natürlich unantastbares Heiligthum sind, werden dereinst in China dem Eisenbahnbaue grosse Schwierigkeiten machen.

Ausser unzähligen kleineren oder grösseren Farmen begegnet man in der nach allen Richtungen von Wegen und Fusspfaden durchkreuzten Pekinger Ebene einer grossen Anzahl Dörfer. Manche derselben könnten in Anbetracht ihrer Grösse sogar Flecken oder kleine Städtchen genannt werden. Doch der Hauptunterschied zwischen Dorf und Stadt in China besteht darin, dass letztere von einer Mauer umgeben ist. Die grösseren Dörfer finden sich natürlich dort, wo die grossen Handelsstrassen vorbeiziehen. Gewöhnlich sind diese Dörfer in ihrer Form lang gestreckt, die Häuser zu beiden Seiten der Strasse nach demselben Systeme ungefähr gebaut, wie ich bei Betrachtung der Tempel beschrieben. In der Ebene sind die Dächer alle mit grauen Dachpfannen bekleidet, doch in der Nähe der Berge und in den Gebirgsdörfern braucht man zur Dachdeckung nur Schiefer, welcher dort gewonnen wird. In jedem Dorfe giebt es ein oder mehrere Wirthshäuser, Theehäuser, gewöhnlich ist auch ein Kloster in der Nähe. Ich erwähnte bereits früher, dass die Zahl der zum Pekinger Administrations-Bezirke im engeren Sinne gehörigen Dörfer mehr als 500 betrage.

Der Boden der Pekinger Ebene, welcher nach Abzug der Dörfer, Klostergründe und Begräbnissplätze noch übrig bleibt, ist zum grössten Theile landwirthschaftlichen Zwecken gewidmet. Der Boden ist im Allgemeinen sandig, doch giebt es nur wenige ganz unfruchtbare Strecken, wie z. B. am

linken Hunho-Ufer, welches von sterilen Sandflächen begrenzt wird. An manchen Stellen ist der Boden sehr sodahaltig und in der trockenen Jahreszeit, im Winter, erscheint er wie mit einer leichten Schneedecke übersogen. Das ist mehr oder weniger reines kohlensaures Natron, welches die Chinesen unter dem Namen kie-n vielfach benützen. Es giebt an einzelnen Stellen eine gelbe Erde, welche in Peking unter dem Namen yi tse t'u (Seifenerde) verkauft wird. Ohne weitere Zubereitung ist diesem eine vortreffliche Seife und diese Erde verdankt wohl ihre lösenden Eigenschaften gleichfalls einem starken Gehalte an Soda.

Was die Kulturpflanzen anlangt, denen man in der Pekinger Ebene begegnet, so will ich vorläufig nur die wichtigsten erwähnen. — Obgleich der Reis ein sehr wichtiges Nahrungsmittel der Chinesen ist, so ist er in Nord-China doch zu theuer, um die erste Rolle unter den Cerealien einzunehmen. Reiskulturen findet man an den morastigen Ufern des See's K'un ming hu, am See beim Tiao yü t'ai, am rechten Hunho-Ufer, wobei natürlich das Wasser des Flusses benützt wird, und an anderen sumpfigen Orten. Eine wichtigere Rolle spielt in Peking der Waizen, welcher als Sommer- und Winterwaizen stark kultivirt wird, doch noch wichtiger für die ärmeren Classen sind die verschiedenen Arten von Hirse, deren Kultur leicht und ergiebig. Setaria italica, die Kolbenhirse, bildet die Hauptnahrung der Mönche und ärmeren Leute. Auch zwei Varietäten von Panicum miliaceum werden häufig kultivirt. Alle diese Cerealien sind seit undenklichen Zeiten Chinesische Kulturpflanzen. Nicht so der Mais, welcher erst im 16. Jahrhundert in China eingeführt wurde, gegenwärtig jedoch durch ganz China im grossen Maassstabe gezogen wird, so auch in Peking, wo er das billigste Brod liefert. — Auch Buchwaizenfelder trifft man häufig in der Umgebung Peking's. Wenn man im August durch die Pekinger Ebene reist, so wird das Auge angenehm berührt durch die schönen Sorgho-Felder, welche nach dem Regen in grösster Üppigkeit stehen und den kleinen Wäldern als Getreidefeldern gleichen, denn die starken, dem Zuckerrohre nicht unähnlichen Sorgho-Pflanzen erreichen 12 Fuss und mehr Höhe. Es werden zwei Arten in unzähligen Varietäten kultivirt, nämlich Sorghum vulgare und Sorghum saccharatum. Die letztere Art wird nicht wie in Amerika zur Zuckerbereitung benützt, doch wird aus dem Korne ein starker, unangenehm riechender Branntwein gebrannt und ausserdem wird das Sorgho-Korn als Futter für Pferde, Schweine und Federvieh benützt. Unter den kultivirten Leguminosen spielt eine Hauptrolle die Soya-Bohne (Soya hispida). Sie existirt hier in mehreren Varietäten und wird gewöhnlich mit dem

Sorgho zusammen gepflanzt. Grosse Feldflächen sind eingenommen von der Batate, gegenwärtig ein wichtiges Nahrungsmittel des Pekinger Volkes, obgleich erst zu Anfang dieses Jahrhunderts hier im Norden eingeführt. Die Pflanzen bilden auf dem Boden fortkriechend einen dichten Blätterteppich, wie habe ich Blüthen beobachtet. Ausser den faustgrossen Wurzeln der Batate werden auch die Wurzeln einer Dioscorea in Massen zu Markt gebracht und ersetzen den Chinesen die Kartoffel, welche übrigens in den Bergen gleichfalls kultivirt wird. In den See'n, Flüssen und Morästen der Ebene werden eine Anzahl Wasserpflanzen ihrer nahrhaften Wurzeln wegen kultivirt. So z. B. die Lotuspflanze (Nolumbium speciosum), eine Art Arrowroot (Sagittaria macrophylla), ferner Monochoria Korsackowii, Scirpus tuberosus. Hydropyrum latifolium liefert ein schmackhaftes Gemüse. In den Bassins der Klöster wird Trapa natans wegen seiner Früchte kultivirt. Endlich wird Arundo phragmites in Teichen und Flüssen gezogen und zu Schilfmatten verwendet. Von den hier kultivirten und als Nahrungsmittel verwertheten Cucurbitaceen will ich erwähnen die gewöhnliche Gurke (Chinesische Varietäten), mehrere Arten Kürbisse, darunter eine, welche am häufigsten vorkommt, mit orange und grün gefleckten abgeplatteten Früchten. Sehr beliebt sind auch die Früchte von Benincasa corifera, welche mit einer weisslichen wachsartigen Substanz überzogen sind. Für einen Europäischen Gaumen sind sie höchst insipid. — Der Flaschenkürbis (Lagenaria) wird auch häufig gezogen und findet seinem Namen entsprechenden Gebrauch. — Die Pekinger Wassermelonen (mit rothem oder weissem Fleische) sind gross und schmackhaft, an Melonen giebt es einige kleine Varietäten, die kaum faustgross sind. — Zwiebeln und Knoblauch fehlen in keinem Chinesischen Gemüsegarten und namentlich von letzterem consumiren Vornehme und Geringe grosse Quantitäten. Der Chinesische Kohl hat die Eigenthümlichkeit, hoch aufzuschiessen und keine Kohlköpfe zu bilden. Rüben, Rettig, Radies, Spinat giebt es wie bei uns. — Die Sesampflanze wird in grossem Maassstabe kultivirt, besonders des Öles wegen, welches die Saamen liefern und welches vorzüglich zur Speisenbereitung benützt wird. Die Ricinusstaude gedeiht vortrefflich an den Feldrändern und das von den Saamen gewonnene Öl wird als Lampenöl verwandt. An Früchten, welche in der Pekinger Ebene gezogen werden oder von den benachbarten Bergen kommen, will ich erwähnen verschiedene Arten recht guter Äpfel und Birnen (eine Varietät der Birnen ist rund wie ein Apfel), Pflaumen, Kirschen, Pfirsiche und Aprikosen, die beiden letzteren von vorzüglicher Qualität. Die Früchte mehrerer wild in den Bergen wachsenden Crataegus-Ar-

ten liefern sehr wohlschmeckende Confituren. Eine sehr beliebte Frucht liefert Diospyros Kaki und auch die Jujube ist sehr geschätzt von den Chinesen. Wallnüsse, Kastanien und Haselnüsse werden von den Bergen gebracht, die Erdnuss (Arachis hypogaea), in ganz Süd-Asien so gemein, gedeiht auch in der Pekinger Ebene vortrefflich und wird gern gegessen. Der Pekinger Weinstock liefert vortreffliche Trauben. — An Gespinnstpflanzen werden in der Pekinger Ebene kultivirt Baumwolle, doch nicht sehr häufig, dagegen sieht man überall die Sida tiliaefolia, mit enormen Blättern, angepflanzt. Sie liefert das Hauptmaterial für die Pekinger Stricke. Ausserdem wird Hanf (Cannabis sativa) viel kultivirt. — Das wären ungefähr die vorzüglichsten der kultivirten Pflanzen, welche man auf den Pekinger Feldern oder in den Gemüsegärten antrifft. Fügen wir noch die Namen derjenigen Bäume hinzu, welche man wild oder angepflanzt am häufigsten in der Ebene sieht. Ausser den bereits genannten Coniferen wären dann noch zu nennen: Thuja orientalis, Ulmus pumila (trotz des Species-Namens, welchen ihm die Botaniker gegeben, ein hoher Baum), Sophora japonica, Ailanthus glandulosa (wuchert überall, sogar auf der Pekinger Mauer zwischen den Ziegeln, und verpestet die Luft im Mai durch den üblen Geruch seiner Blüthen), Salix babylonica (als wirkliche Trauerweide oder häufiger mit aufrechten Zweigen), Celtis sinensis, zwei Populus-Arten, eine kleinblättrige und eine grossblättrige, die letztere eine Zitterpappel, Broussonetia papyrifera, ein schöner Baum mit grossen Blättern, von denen kaum eines dem anderen ähnlich sieht. Dieselbe Eigenschaft, Blätter der verschiedenartigsten Formen zu erzeugen, hat auch der so häufig in der Ebene und in den Bergen angetroffene Maulbeerbaum (verschiedene Varietäten von Morus alba, alle für die Seidenzucht brauchbar). Diese oberflächlichen Angaben mögen vor der Hand genügen. In einem besonderen Abschnitte beabsichtige ich die Pekinger Flora eingehender zu besprechen und dort sollen auch die in und um Peking kultivirten Ornamental-Pflanzen Berücksichtigung erfahren. Schliesslich will ich noch erwähnen, dass die grössten Gemüse-, Blumen- und Fruchtgärten sich in der Ebene westlich von Peking befinden. Wenn man das Thor Ping tao men (12) verlässt, so werden die Garten-Kulturen sogleich vorwiegen durch den penetranten Geruch, den die Poudrette-Fabrication mit sich bringt. Liebig bemerkt in seinen chemischen Briefen, dass bei uns die Landwirthschaft leide durch den Verlust grosser Mengen Dünger, welche in den grossen Städten unbenützt bleiben, und stellt uns die Chinesen als Muster auf, was die Verwerthung des Düngers anlangt. Liebig hat Recht. Man begegnet in den Pekinger Strassen auf jedem Schritte Leuten, welche mit Excrementen gefüllte Karren schieben und nicht allein aus den Häusern jeden Tag allen Dünger entfernen, sondern auch auf der Strasse jedes Minimum von Menschen- oder Thier-Excrementen sammeln. Diese Ladungen sind alle für Gärten und Felder ausserhalb der Stadt bestimmt und das Gewerbe, welches sich diesen unsauberen Sammlungen widmet, ist in China durchaus kein verachtetes, wie bei uns. Sogar die Haare, welche die Barbiere ihren Kunden abschneiden oder abrasiren, werden sorgfältig gesammelt und als Düngmittel bei gewissen Kulturen verwerthet. — Die bedeutendsten Gemüse-, Frucht- und Blumengärtnereien, welche Peking mit ihren Produkten versorgen, befinden sich ungefähr 6 Werst südwestlich von der Capitale. Dort giebt es eine Anzahl Dörfer, welche den Collectivnamen Feng t'ai führen und deren Bewohner sich ausschliesslich der Gärtnerei widmen (siehe weiter unten).

7. Bemerkenswerthe Orte in der Umgebung Peking's.

Nach den im Vorhergehenden gegebenen allgemeinen Betrachtungen über die Pekinger Ebene will ich es versuchen, aus der grossen Menge von interessanten Orten in der Nähe der Capitale einige hervorzuheben, werde mich jedoch, um den Leser nicht zu ermüden, bei der Beschreibung auf die Hauptsachen beschränken. Sehen wir zuerst, was sich in der nächsten Nähe der Stadtmauern befindet, und machen wir eine Rundreise um dieselben.

Peking hat, eben so wie alle unsere grossen Städte, auch seine Vorstädte und vor jedem der Thore Peking's solche Ortschaften, einige sogar von beträchtlicher Ausdehnung und ein reges Handelsleben entwickelnd, denn hier ist man noch nicht unter dem Einflusse des bedeutenden Stadtzolles, welcher an den Thoren erhoben wird.

Wenn man das Thor An ting men (9) verlassen, so bemerkt man rechts, unweit der Stadtmauer einen grossen von einer viereckigen Mauer umgebenen Fichtenhain. Darin liegt der Ti t'an oder Tempel der Erde (25), errichtet unter der vorigen Dynastie im Jahre 1530. Hier bringt der Kaiser zur Zeit des Sommer-Solstitiums Opfer. Es ist diess ein uralter Usus. Etwas mehr nach Osten vom Tempel der Erde nahe der nordöstlichen Ecke von Peking stösst man auf ein einfaches Marmordenkmal mit kaum leserlichen Inschriften in Russischer und Chinesischer Sprache. Das ist der Grabstein Hilarion's, des ersten Russischen Archimandriten der geistlichen Mission, welcher in Peking im Jahre 1718 starb. Hier war damals der Kirchhof für die Russen, welche in Peking starben. Der neue Russische Kirchhof, seit mehr als einem Jahrhunderte in Gebrauch, befindet sich etwa 1½ Werst in NW. vom An ting men

auf einem von Pappeln, Kiefern und Juniperus beschatteten Hügel. Nahe dabei im Norden liegt ein grosser freier Platz, welcher den Chinesischen Truppen als Exercierplatz dient und auf welchem häufig Chinesische Revuen abgehalten werden. Jenseit dieser Ebene, eine Werst im NW., erheben sich aus dunklem Fichtenwalde die stattlichen Gebäude eines grossen Mongolischen Lama-Klosters, Huang sze (gelbes Kloster), welches historische Berühmtheit erlangt hat dadurch, dass während des letzten Krieges Lord Elgin hier sein Hauptquartier hatte. Dieses vaste Kloster besteht eigentlich aus dreien. Das östlichste Tung huang sze, 1651 gegründet, ist die Residenz eines kutukhta (Mongol.) oder wie ihn die Chinesen nennen hno fe (lebender Buddha). Auf der hierarchischen Stufenleiter des Lamaismus steht diese Würde zunächst dem Dalai lama, welcher in Hlassa residirt. Das westliche Kloster heisst Si huang sze. Im dritten Kloster, welches 1783 gegründet wurde, hat Kaiser Kien lung ein prachtvolles Mausoleum errichten lassen für einen bedeutenden Lama aus Thibet, welcher nach Peking kam und hier an den Pocken starb. Übrigens sind hier nur seine Kleider begraben. Der Körper wurde nach Thibet zurückgebracht. Noch weiter nach NW., 2 Werst von Huang sze, gelangt man zum Dorfe Ma tien. Nahe dabei das Lama-Kloster Heisse (das schwarze Kloster), welches an der grossen Strasse liegt, die vom Te sheng men-Thore (10) nach Norden zum Nankou-Passe führt. Dorf und Kloster liegen nahe bei dem alten Erdwalle und dem Wachtthurme, von welchem eben die Rede war. Längs dem alten Erdwalle, im Norden, fliesst ein Bächlein; wie es scheint, ist diess der alte Stadtgraben. Eine grosse Brücke führt über dasselbe (Strasse nach Nankou). Verfolgt man den Erdwall und das Bächlein weiter aufwärts nach Westen, so kommt man zu einer anderen Brücke, beim Kloster Lao ye miao. Eine halbe Werst nordwestlich von diesem Kloster sieht man einen stattlichen vieletagigen Thurm (Pagode). Er befindet sich auf dem Begräbnissplatze eines buddhistischen Heiligen und wurde im 16. Jahrhundert errichtet. Dieser Ort heisst Shi fang t'ai yüan. Auf dem alten Erdwalle, nahe der nordwestlichen Ecke desselben, steht man die Ruinen eines kaiserlichen Kiosk's (Huang t'ing) mit schöner Aussicht auf die Sommer-Palläste, mit Inschriften, wovon bereits oben die Rede war.

Weiter nach Westen, an der grossen Strasse, welche vom Te sheng men-Thore nach dem Sommer-Pallästen führt, stösst man auf den Tempel der grossen Glocke, Ta chung sze. Dieses Kloster ist berühmt wegen seiner grossen Bronze-Glocke, welche hier aufgehängt ist. Nach Dr. Lockhart's Messungen ist sie 25 Fuss hoch, doch kommen 10 Fuss davon auf das Ohr, an welchem sie hängt.

3 *

Der untere Durchmesser der Öffnung ist 11 Fuss, die Dicke des Metalles 9 Zoll. Sie ist vollständig mit Relief-Charakteren bedeckt, buddhistische Gebete darstellend, und wiegt 120,000 Pfund. Dr. Lockhart meint, es sei diese die grösste aufgehängte Glocke der Welt. Sie wurde auf Befehl des Kaisers Yunglo (1403—25) gegossen und zuerst in dem später zu erwähnenden Kloster Wan shou sse aufgehängt, doch im Jahre 1743 nach dem etwa 4 Werst entfernten Kloster transportirt (auf Balken gerollt), wo sie sich gegenwärtig befindet. Das Kloster der grossen Glocke war 1733 gegründet worden und hiess ursprünglich Kio sheng sse.

Setzen wir unsere Rundreise in der Nachbarschaft der Stadt weiter fort, so stossen wir, uns wiederum der Stadt nähernd, an der nordwestlichen Ecke der Mauer auf das Wasserreservoir, zu welchem sich der bereits erwähnte Abfluss des K'un ming hu-See's erweitert und von wo das Wasser weiter zu den Kaiser-Palästen fliesst. Über den Fluss führt hier der Steinweg mit der schönen Marmorbrücke Kao liang kiao. In der Nähe befindet sich das Kloster Niang niang miao (Frauenkloster), doch hat man darunter kein Nonnenkloster zu verstehen [1], sondern es verdankt seinen Namen seinem heilkräftigen Rufe in Betreff verschiedener Frauenkrankheiten. Hier werden häufig Jahrmärkte abgehalten. Am linken Ufer des Flusses, ganz in der Nähe des Thores Si che men (11), befindet sich das hübsche Kloster Ki le sse (Kloster der höchsten Freude), 1475 gegründet, mit einem schönen Garten, welchen die vornehme Welt Peking's häufig besucht. Weiter aufwärts, etwa 500 Schritt vom südlichen Ufer des Flusses entfernt, befindet sich das Kloster Kuang shan sse, welches ich deshalb besonders erwähne, weil es allen Europäern in Peking wohl bekannt ist. Die Russische Gesandtschaft hat hier wiederholt ihre Villeggiature gehalten und gegenwärtig ist es schon seit mehreren Jahren der Sommer-Aufenthalt der Spanischen Gesandtschaft. Eine halbe Werst westlich von diesem Kloster befindet sich ein grosser Park, San pei tse hua yüan (der Garten des dritten Fürsten), in welchem die Russische Gesandtschaft gleichfalls mehrere Sommer zugebracht hat. Dieser Garten gehörte früher einem Fürsten, ist jedoch gegenwärtig in den Händen eines Kaufmannes, welcher hier einen Kunstgarten etablirt hat, in dem namentlich Jasminum Sambac kultivirt wird. Seit der Eigenthümer den schönen Park rasirt, um das Holz zu verkaufen, hat dieser Garten für die Europäer allen Werth verloren. Ihm gegenüber auf der nördlichen Seite des Flusses befindet sich das Lama-Kloster Wu t'ai sse (Kloster der fünf Thürme), eigentlich Chen kio sse genannt. Es

ist im 15. Jahrhundert gegründet. Ein Hindu vom Ganges, Namens Bandida, kam nach Peking mit verschiedenen Reliquien und Kaiser Yung lo liess für ihn dieses Kloster bauen. Dort sieht man eine viereckige Marmor-Terrasse, 50 Fuss hoch und darauf fünf Pagoden, jede 20 Fuss hoch mit Hindu-Inschriften bedeckt. Eine kleine Strecke westlich vom Garten San pei tse führt eine Marmorbrücke über den Fluss, auf der anderen Seite sieht man einen ummauerten Fichtenhain mit zwei gewaltigen Bronze-Löwen davor und einer majestätischen Saliaboria. Diess ist der Begräbnissplatz eines Prinzen. 2 Werst weiter nach Westen längs dem nördlichen Ufer des Flusses fortgehend, gelangt man wiederum an eine Marmorbrücke und dicht daneben liegt das grosse Kloster Wan shou sse, 1577 gegründet mit schönem Garten, im Sommer von Chinesen frequentirt. Dicht daneben ein zweites kleineres Kloster Yen king sse, gleichfalls im Sommer gewöhnlich von Europäischen Familien bewohnt. — Begeben wir uns von hier in südöstlicher Richtung nach dem Thore P'ing tse men (12), so führt uns der Weg durch zahlreiche Gemüsegärten und Poudrette-Fabriken. Unmittelbar vor dem genannten Thore befindet sich ein grosser Kunstgarten, in welchem man sich besonders der Kultur einer Färberpflanze, des Polygonum tinctorium, widmet, welches eine billige Art Indigo liefert. Etwa ½ Werst nordwestlich von demselben Thore liegt der sogenannte Portugiesische Kirchhof (Chines. shan lan, in der Volkssprache sha la rh). Hier ruhen unter schattigen Bäumen jene berühmten jesuitischen Missionäre, welche zu Ende des 16. Jahrhunderts zuerst nach Peking kamen, und viele von denen Nachfolgern, die zwei Jahrhunderte hindurch grossen Einfluss am Chinesischen Hofe ausübten, was sie namentlich ihren astronomischen Kenntnissen zu danken hatten. Im Ganzen zählt man hier einige sechzig Europäische Gräber mit grossen Marmor-Grabsteinen und Chinesischen und lateinischen Inschriften, die zum Theil auf kaiserlichen Befehl gemacht worden. Am Eingange sieht man ein Mausoleum, Ignatius Loyola geweiht, und ein anderes für den heiligen Joseph, speciellen Schutzpatron für China. Math. Ricci, ein Italiener, war der erste Missionar, welcher im Jahre 1595 nach Peking kam, wo er 1610 starb. Damals regierte noch die Ming-Dynastie und Kaiser Wan li schenkte den Missionären diesen Begräbnissplatz, welchen Ricci's Grab einweihte. Dort sieht man auch die Grabsteine des Adam Schall aus Köln, gest. 1669, und des Ferd. Verbiest, gest. 1688; beide Missionäre haben sich hohe Verdienste dadurch erworben, dass sie die Chinesen mit der Europäischen Astronomie bekannt gemacht, der einzigen Europäischen Wissenschaft, vor welcher sie Achtung haben. Nachdem die Jesuiten aus Peking vertrieben worden und später die Lazaristen sich hier etablirt, ging

---

[1] Es giebt deren auch einige bei Peking.

der Portugiesische Kirchhof (er hiess so, weil die Mission hier lange Zeit eine Portugiesische war) an diese über, und als auch diese zu Ende der zwanziger Jahre aus Peking vertrieben worden, kaufte die Russische geistliche Mission den Kirchhof mit allen Ländereien. Dem Pater Cajetanus, welcher zu alt war, um Peking zu verlassen, erlaubte der Kaiser zu bleiben. Er starb im Jahre 1833 und auf seinem Grabe liest man: „a Russis sepultus". Als nach dem letzten Kriege die Lazaristen wieder nach Peking kamen, stattete die Russische geistliche Mission ihnen den Portugiesischen Kirchhof zurück, eben so wie die werthvolle alte Bibliothek der Jesuiten, welche sie mehr als 30 Jahre aufbewahrt hatte. Der Rev. Edkins, welcher die Grabschriften auf dem Portugiesischen Kirchhofe alle gelesen, theilt mit, dass mehrere von den in Peking gestorbenen katholischen Missionären hier mehr als 40 Jahre gelebt haben, viele 25 Jahre, ein grosser Theil über 16 Jahre. — Die Katholiken besitzen noch einen zweiten Kirchhof, etwa 5 bis 6 Werst im NW. von dem eben beschriebenen. Er führt den Chinesischen Namen Cheng fu sze. Auch dieser ist ein altes Eigenthum der katholischen Missionäre und hier sieht man die Grabsteine von Amyot, Ganbil, Gerbillon, aller Missionäre aus dem 17. und 18. Jahrhundert, hochverdient um unsere Kenntniss China's. Auf diesem Friedhofe werden die in Peking gestorbenen Katholiken begraben. — Da ich gerade von Kirchhöfen spreche, so will ich gleich auch des Englischen Kirchhofes gedenken. Er liegt nahe der Stadtmauer, ausserhalb des Thores Si pien men. Die Deutschen in Peking haben keinen eigenen Begräbnissplatz.

Zwischen dem P'ing tse men-Thore (12) und dem Si pien men (13) dicht an der Steinstrasse, welche die beiden Thore verbindet, bemerkt man einen grossen von einer Mauer umgebenen Fichtenhain, ähnlich dem beim An ting men-Thore. Dieses ist der Tempel des Mondes Si yüe t'an (30). Diesem Gestirne werden hier Opfer gebracht zur Zeit des Herbst-Äquinoctium's, in bestimmten Jahren vom Kaiser in Person. Dieser Tempel wurde 1530 erbaut. Kaum 1½ Werst vom Tempel des Mondes liegt das bereits oben erwähnte kleine Lustschloss Tiao yü t'ai an einem kleinen See, welcher früher trocken war und wo die Europäer früher ihre Rennbahn hatten. Diese Gegend ist auch unter dem Namen Wang hai lou bekannt.

Ganz nahe der nordwestlichen vorspringenden Ecke der Chinesenstadt befindet sich Po yüa kuan, ein kleines, doch sehr berühmtes taoistisches Kloster, gegründet 1227. Hier ruhen die sterblichen Überreste des berühmten taoistischen Mönches, Philosophen und Poeten Ch'ang ch'un, welcher für uns deshalb namentlich Interesse hat, weil er eine Reise von China nach West-Asien unternahm, von welcher

eine ausführliche Beschreibung existirt [1]. Von dem genannten Kloster südlich sieht man einen schönen schlanken vielstöckigen Thurm (Pagode) sich erheben, welcher dem Kloster T'ien ling sze angehört. Kloster und Thurm führen ihre Geschichte bis zum 6. Jahrhundert nach Christi zurück.

In der Umgebung der Chinesenstadt, in nächster Nähe derselben, giebt es ausser dem Genannten kaum etwas Merkwürdiges zu erwähnen. Wenn man eines der südlichen Thore verlässt, so stösst man bald auf die nördliche Mauer des Jagdparkes Nan hai tze (ungefähr 4 Werst von Peking), welcher ein mehr als doppelt so grosses Areal einnimmt als Peking. Näheres über diesen Park siehe weiter unten. Zwischen der Chinesenstadt und dem Jagdparke fliesst ein Flüsschen, auf welchem zu gewissen Jahreszeiten eine gute Schnepfenjagd. Innerhalb der Chinesenstadt grenzen an die südliche Mauer derselben die einen grossen Flächenraum einnehmenden eneginteen des Tempels des Himmels, T'ien t'an (22), und des Tempels des Ackerbaues, Sien nung t'an (23). Die Mauer des ersteren hat 4½ Werst im Umkreise und umschliesst einen prachtvollen Wald, namentlich Fichten, über welche die auf einer Anhöhe stehenden kegelförmigen Dächer der prachtvollen Tempel hinausragen. Hier wächst sehr viel wilder Spargel (Asparagus gibbus), welcher vortreffliches Gemüse giebt. Der Tempel des Himmels sowohl als der etwas kleinere Sien nung t'an datiren aus dem 15. Jahrhundert. Sie wurden damals ausserhalb der Residenz angelegt, wie auch die Tempel der Sonne, des Mondes und der Erde. Es ist bekannt, dass auch hier zu bestimmten Zeiten des Jahres der Kaiser nach althergebräuchlichem Gebrauche gewisse Ceremonien vollzieht.

Vor dem Thore Sha wo men, aus welchem der Landweg nach T'ien tsin führt, liegt eine grosse Vorstadt und etwa 1½ Werst vom Thore beim kleinen Dorfe Hnang mu chuang der Leichnam eines grossen Baumes. Dieser Ort ist unter dem Namen Shen mu ch'ang (Platz des heiligen Baumes) bekannt. Zu Anfang des 15. Jahrhunderts stand dieser Baum (eine Pappel, wie berichtet wird) noch aufrecht und wurde als Merkwürdigkeit Peking's und als heiliger Baum betrachtet, welchen die Dichter besangen. Er soll vor ungefähr 250 Jahren umgestürzt sein. Der ausgehöhlte Stamm ist ungefähr 60 Fuss lang und hat 6 Fuss im Durchmesser am Wurzelende. Ein kleiner Kiosk daneben enthält eine Marmortafel mit einer auf den Baum bezüglichen Inschrift.

Gehen wir weiter nach Norden in die Nähe der Ostmauer der Stadt, so wird unser Weg gekreuzt durch den

---

[1] Ich habe diesen Reisebericht übersetzt in meinen „Notes on Chinese mediaeval travellers to the west".

nach T'ung chou führenden Kanal. Will man ihn nicht in einer Fähre überschreiten, so ist man genöthigt, die beim Stadtthore Tung pien men (6) gelegene Marmorbrücke T a t'ung kiao zu benutzen. Hier ist stets ein grosser Verkehr und unzählige Chinesische Barken liegen auf dem Kanal, welcher ausserdem von zahllosen Schaaren grosser schneeweisser Hans-Enten belebt wird. Die Umgebung des Kanals ist recht pittoresk. Man sieht viele Baumgruppen, namentlich Fichtenhaine, Begräbnissplätzen angehörig.

Etwa 3 Werst den Kanal abwärts am linken Ufer desselben ist der schöne Begräbnissplatz einer Chinesischen Prinzessin mit Mausoleum, Thierstatuen und Menschen aus Marmor und herrlichen weissrindigen Fichten. Die Prinzessin hiess Fo shou kung chu und unter dem Namen ist auch der Friedhof bekannt. Vornehme Chinesische Beamten, welche Peking verlassen und nach Osten reisen, werden von ihren Freunden häufig bis zu diesem Orte begleitet.

Vom Thore Tung pien men führt ein Steinweg nach NNO. zum Tempel der Sonne, Ji t'an (33), welcher in seinem äusseren Ansehen, d. h. durch seinen ummauerten Fichtenhain, den bereits erwähnten Tempeln der Erde, des Mondes &c. ähnlich. Seine Mauern ziehen sich bis in die Nähe des Thores Ts'i hua men (7), vor welchem eine grosse Vorstadt liegt, durch die der Steinweg nach Tung chou führt. Aus dieser Vorstadt führt eine lange Allee zum Sonnentempel und in ihr befinden sich auch die ausgedehnten Mauern des Taoisten-Klosters Tung yo miao. Dieses prachtvolle Kloster mit seinen grossen Gärten und zahlreichen Monumenten wurde im Jahre 1317 gegründet und später häufig von den Kaisern besucht. Es ist ausserdem berühmt durch ein wunderthätiges Maulthier aus Bronze, welches hier zur Zeit der Ming aufgestellt wurde. Die Berührung verschiedener Körpertheile des Thieres soll zu Heilung entsprechender Krankheiten nützlich sein. Am häufigsten wird das Maulthier wegen Unfruchtbarkeit der Frauen konsultirt. Wenn man den Steinweg etwas weiter nach Osten verfolgt, so stösst man auf den östlichen alten Erdwall, von welchem ich schon früher als von einer alten Stadtmauer gesprochen. Eine Steinbrücke führt hier über den alten Stadtgraben. Die Steinstrasse nach Tung chou ist ein sehr hübscher belebter Weg mit zahlreichen Fermen, Dörfern, Gasthäusern und Theehäusern an seiner Seite.

Von Tung chi men (8), dem nördlichsten Thore der östlichen Mauer Peking's, führt ein Weg fast gerade nach Osten zu dem Flecken Tung pa, von welchem ich bereits als einem auf einer wichtigen Handelsroute gelegenen Orte gesprochen. Tung pa zeigt Überreste alter Befestigungen und hat vor seinem westlichen Thore einen schönen alten Wachtthurm (tun t'ai). Der Ort zeigt reges Ge-

schäftsleben. Hier ist auch eine Zollbarrière. Zwischen Tung pa und der Stadt bemerkt man zu beiden Seiten des Weges zerstreut wohl zehn oder mehr eigenthümliche an 50 Fuss und mehr hohe Bauten, welche kleinen Festungen ähnlich sehen. Diese sind alles Ziegelbrennereien. — Nicht weit vom Thore Tung chi men steht ein eigenthümlicher Thurm mit einer eisernen Verzierung auf seiner Plattform. Er ist unter dem Namen T'ie tur bekannt (Eisenthurm). Hier ist ein geheiligter buddhistischer Priester begraben. Von diesem Thurme etwa 1½ Werst nördlich sieht man eine Gruppe kaiserlicher Gebäude mit Dächern aus gelben Dachpfannen. Dies ist ein Ort, wo die gestorbenen Kaiser provisorisch deponirt werden, bis die Begräbnissplätze auf den eigentlichen Friedhöfen arrangirt worden.

Somit hätten wir den Rundgang um die Stadt beendet und können uns mit den etwas weiter entfernten Sehenswürdigkeiten der Ebene und der umliegenden Berge beschäftigen.

Beginnen wir mit den kaiserlichen Sommer-Palästen, über welche bereits von vielen Reisenden geschrieben worden, doch ist in diesen poetischen Schilderungen nie auf die topographischen Verhältnisse Rücksicht genommen. Wie ich bereits erwähnte, erheben sich diese Lustschlösser und Lustgärten zum Theile auf den Ausläufern der fast isolirt erscheinenden Bergmasse, welche sich am linken Hunho-Ufer nach Osten in die Ebene vorschiebt, und sind nach den Hügeln, auf welchen sie angelegt, Wan shou shan, Yü ts'üan shan und Hiang shan benannt worden. Der vierte Lustgarten Yüan ming yüan liegt in der Ebene. Die drei ersteren sind in der Regel durch Geld Europäischen Besuchern zugänglich, während Yüan ming yüan nur fortim besucht werden kann, indem man sich über die an vielen Stellen defekte Mauer schleicht. Bekanntlich wohnte der letzte Kaiser Hien feng hier, als die alliirten Armeen 1860 anrückten, und Lord Elgin liess, nachdem der Kaiser geflohen, die Sommerpaläste zum grösseren Theil zerstören. Seit der Zeit ist nichts restaurirt worden und der Kaiser brachte die Sommer in der Stadt zu.

Wenn man die kaiserlichen Sommergärten besuchen will, so verlässt man Peking entweder beim Si chi men-Thore und folgt dem Steinwege, welcher durch eine freundliche, reich bebaute Gegend führt, oder man wählt den nördlichen Weg durch das Te sheng men-Thor, gleichfalls ein schöner Weg, auf welchem man durch den alten Erdwall passirt. Beide Wege vereinigen sich bei dem grossen Dorfe Hai tien, welches im Süden von Yüan ming yüan liegt. Endlich giebt es noch einen dritten Weg nach den Sommer-Palästen von Si chi men über Wan shou sze nach Lan tien chang. Von diesem Orte führt eine Chaussee nach Wan shou shan. Die Gärten von Yüan ming yüan nehmen mehrere Quadratworst Flächenraum ein. Ausser den prachtvollen Chinesischen architektonischen Meisterwerken, welche dort anzutreffen, hat der Garten bemerkenswerthe Bauten im Italienischen Style aufzuweisen, welche auf kaiserlichen Befehl in der Mitte des vorigen Jahrhunderts durch katholische Missionäre ausgeführt wurden [1]). Diese sind bei der Zerstörung Yüan ming yüan's verschont geblieben.

Im Westen von Yüan ming yüan erhebt sich ein einige hundert Fuss hoher grüner Hügel, rings von einer Mauer umgeben. Dieses ist der Wan shou shan, von herrlicher Vegetation bedeckt, und namentlich sind es die horizontalästigen Fichten (Pinus Massoniana) und die weissrindige Pinus Bungeana, welche in malerischen Gruppen den Hügel schmücken. Der Zugang ist in der südöstlichen Ecke der Mauer. Hoch oben auf dem Gipfel bemerkt man schon aus der Ferne rauchgeschwärzte Ruinen. Diess war ein kaiserlicher Tempel, welchen Lord Elgin mit Bomben beschiessen liess. Der ganze südliche Abhang des Berges ist mit grün und gelb gefärbten glasirten Ziegelstücken bedeckt. Der Rest ist unversehrt geblieben und in diesem lieblichen Haine findet man die vortrefflichsten Schätze Chinesischer Architektur. Unzählige Kioske, Tempel, Triumphbogen, Marmorbrücken &c. verbergen sich zwischen dem dichten Laube. Es verdient namentlich als ein Meisterstück Chinesischer Arbeit genannt zu werden ein ganz aus Bronze gefertigter Tempel, 25 Fuss hoch, 64 Fuss im Umfange. Diese Bauten verdanken alle ihren Ursprung dem Kaiser Kien lung 1736—96. Wan shou shan wird im Süden von einem See begrenzt, welcher einen Flächenraum von einigen Quadratmeilen fasst, jedoch nicht immer dieselbe Ausdehnung hat. Wir haben diesen See bereits als K'un ming hu kennen gelernt. Mehrere kleine Inseln mit Tempeln und Kiosken befinden sich im See und sind mit dem Ufer durch prachtvolle Marmorbrücken verbunden. Eine derselben am östlichen Ufer des See's heisst shi ts'i k'ung k'iao (die 17bogige). Sie führt zu einem kleinen Tempel auf einer Insel. Eine grosse Kuh aus Bronze bewacht den Zugang. Im Juli bietet der See einen prachtvollen Anblick, denn dann ist er auf grossen Strecken mit Lotus-Blumen bedeckt. Auch andere interessante Wasserpflanzen werden hier kultivirt.

Am westlichen Ufer des See's steigt ein zweiter isolirter etwa 300 Fuss hoher Hügel etwas ausgedehnter als der Wan shou shan auf. Dieses ist der Yü ts'üan shan (Berg der Nephrit-Quelle). Hier entspringt der wasserreiche klare Quell, welcher den See speist. Dieser See scheint zuerst im 12. Jahrhundert nach Christus von den Kin-Kai-

sern angelegt worden zu sein, zum wenigstens berichtet die Geschichte, dass die See'n in Peking bei den Kaiser-Palästen, welche, wie wir gesehen, ihr Wasser aus jenem See beim Yü ts'üan shan erhalten, zu jener Zeit angelegt wurden, wozu man einen Quell aus den Bergen ableitete. Auf dem Yü ts'üan shan hatten auch die Kin-Kaiser ihre Sommer-Paläste, deren Ruinen noch vorhanden. Gegenwärtig sieht man auf dem südlichen Gipfel des von Nord nach Süd sich erstreckenden lieblichen Hügels, welchen ein herrlicher Park bedeckt, einen hohen stattlichen vieletagigen Thurm (Pagode), welcher von der Ebene aus weit sichtbar ist und sich in dem klaren Wasser des See's spiegelt. Auf dem nördlichen Gipfel des Yü ts'üan shan erhebt sich ein malerischer kleiner Tempel. Der ganze Hügel ist von einer Ringmauer umgeben. Der Eingang liegt nahe dem westlichen Ufer des See's. Der Park mit seinen Bauten führt eigentlich den Namen Tsing ming yüan, doch wird er gewöhnlich nach dem Hügel benannt. Die hohe Pagode heisst Yü fong t'a und wurde zu Kaiser Kang hi's Zeiten (1662—1723) erbaut, aus welcher Zeit überhaupt die Anlagen, wie sie jetzt zu sehen, datiren. Eine schöne Chaussee führt von Norden um den See herum über Ts'ing lung kiao nach Wan shou shan.

Im Westen des Yü ts'üan shan-Hügels bildet die Ebene, ganz allmählich ansteigend und von zahlreichen Fermen und Dörfern belebt, eine Einbuchtung um die Berge. In den Schluchten der letzteren erblickt man malerisch gelegene Klöster und zu den Berggipfeln hinauf sieht man die Mauern eines kaiserlichen Jagdparkes sich hinziehen, dessen Eingang am Fusse der Berge durch eine schöne Marmorpforte kenntlich. Dieser Jagdpark führt den Namen Ts'ing yi yüan, doch nennt man ihn gewöhnlich Hiang shan, nach dem Namen des Berges, auf welchem er gelegen. Schattiger Wald, hauptsächlich aus Chinesischen Fichten, der weissrindigen Pinus Bungeana, Juniperus chinensis und Thuja orientalis bestehend, übersieht das ganze Terrain. Dazwischen sieht man jedoch auch Laubholz, namentlich Maulbeerbäume, Ulmus pumila, Celtis sinensis, Koehlreutera paniculata, die unvermeidliche Ailanthus glandulosa, Fraxinus ornus (var. Bungeana [2]), und manche interessante Sträucher. Ein schöner Weg schlängelt sich bergan in Waldesschatten. Alte Marmorbrücken führen über die Schluchten, überall sprudeln silberklare Quellen, bilden Bassins und rauschen dann der Ebene zu. Diese Gegend hier hat durch ihre Naturschönheiten schon vor vielen Jahrhunderten die Chinesischen Kaiser entzückt und die Kaiser der Kin-Dynastie hatten hier im 12. Jahrhundert ihre Sommer Paläste, deren Überreste noch gezeigt werden. Die Geschichte berichtet ferner, dass auf dem Hiang shan-

---

[1]) Ausführliche Beschreibungen dieser Bauten finden sich in vielen Werken über China. Siehe Pauthier's La Chine.

[2]) Ein schönes Exemplar am Eingange des Parkes.

Berge Shun, der letzte Sprosse der Liao-Dynastie, welche
1125 von den Kin vernichtet wurde, begraben wurde. Der
stattliche Lama-Tempel, aus gelb und grün emaillirten Ziegeln aufgeführt, stammt aus dem vorigen Jahrhundert, doch
ist auch er verlassen und geht seinem Verfalle entgegen,
wie alle die übrigen herrlichen Monumente aus der Glanz-
periode der Chinesischen Geschichte. Der Jagdpark nimmt
ein Areal von mehreren Quadratwersten ein. Tiefe feierliche Ruhe herrscht gewöhnlich in diesem herrlichen Walde
und friedlich łaen grosse Rudel Hirsche (der gefleckte Cer-
vus Axis) das saftige Gras. Man hört nichts als das Plät-
schern des Wassors und das laute Singen der Cicaden, dazwischen wohl auch das melodische Pfeifen des Pyrols
(Oriolus cochinchinensis). Und welch' bezaubernd schöne
Aussicht geniesst man, wenn man den Gipfel des wohl
1000 Fuss hohen Berges erreicht. Zu Füssen liegt die
stolze Pagode von Yü ts'üan shan, dahinter der blaue See
mit seinen Inseln und schneeweissen Marmorbrücken, der
grüne Hügel von Wan shou shan mit seinen malerischen
Ruinen und die ausgedehnten Gärten von Yüan ming yüan.
Weiter nach Südwesten sieht man von Nebelduft umflossen
das gewaltige ummauerte Viereck, welches die Residenz
vorstellt und aus dessen laubreicher Mitte sich der zuge-
spitzte Maishan-Hügel in der Kaiserstadt erhebt.

Unweit des Hiang shan, im Norden vom Eingangsthore,
befindet sich am Fusse des Berges eines der sehenswerthe-
sten Klöster in der Umgebung Peking's, reich an herrlichen
Marmorbauten. Es heisst Pi yün sse und wurde gegründet
zur Zeit der Mongolen-Dynastie (1280—1364), doch stammen die schönen Bauten, Thürme, Marmor-Terrassen &c. meist
aus dem vorigen Jahrhunderte, wo dieses Kloster ein Lieblingsaufenthalt der Kaiser war. Einen sonderbaren Ein-
druck macht die Halle der 500 Lo han (Heilige), wo 500
kolossale aus Lehm geformte und vergoldete menschliche
Figuren in langer Reihe an den Wänden umhersitzen. In
einer der kühlen Grotten des Klosters sind Hölle und Para-
dies dargestellt in Gruppen von Thonfiguren, oder wie die
Chinesen es nennen shi pa tien kung (die 18 Strafen,
Martern) und kiu ti yü (die 9 Belohnungen) in jenem
Leben. — In einer Bergschlucht im NW. von Pi yün sse
sieht man in dichter Baumlaube halb versteckt das schöne
Kloster Yü huang ting.

In einem Seitenthale, welches in das oben erwähnte
Ausbuchtung der Ebene einmündet, befindet sich im NO.
von Pi yün sse noch ein anderes schönes Kloster, welches
Wo fu sse (das Kloster des liegenden Buddha) heisst.
Es verdankt seinen Namen einem kolossalen aus Thon ge-
formten und vergoldeten Götzenbilde in liegender Stellung.
Hier sieht man auch einen schönen Teich mit Lotus-Blumen
und einige hochstämmige Chinesische Rosskastanien.

Kehren wir zurück nach Wan shou shan und wenden
uns von dem bereits erwähnten Dorfe Ts'ing lung kiao nach
NW., so gelangen wir in einen Thalkessel, welcher jedoch
im Osten nur von einer niedrigen Hügelkette begrenzt wird,
deren letztes Glied Wan shou shan ist. In diesem Thalkessel finden wir zunächst mehrere Dörfer und eine grosse
Militär-Ansiedelung, wie sich deren wohl ein Dutzend in
nächster Nähe der Sommer-Paläste finden. Einige sind auf
meiner Karte vermerkt. Es sind diese von einer Mauer
umgebene Barakon, bisweilen von grosser Ausdehnung,
in welchen Chinesische Soldaten mit ihren Familien leben.
Weiter nach Westen am Fusse der Berge liegt das kleine,
doch gut unterhaltene Kloster Yi kuan sse, in dessen
Nähe einer der Kaiser der Ming-Dynastie begraben, wie
ein Denkmal berichtet (s. weiter unten). Nordwestlich von
Yi kuan sse liegt in einer engen Schlucht ein sehenswerthes
Kloster, Pao tsang sse, 1439 gegründet von einem Lama
aus Thibet. Auf den angrenzenden Bergen fallen einige
sonderbare Bauten in Thibetanischem Style auf. Die Chinesen nennen sie Si tsang tien (Thibetanische Paläste).
Als Kaiser Kien lung im Kriege begriffen war mit Thibet,
liess er diese Gebäude auf steilen Felsen aufführen, und
seine Soldaten mussten sich im Sturmlaufen üben.

Verfolgt man von der Ts'ing lung kiao-Brücke den
grossen Weg in nordöstlicher Richtung, so gelangt man aus
dem genannten Thalkessel durch das kleine Défilé Hung
shan k'ou (der rothen Berge) wieder in die Ebene und
weiter setzt sich dann der grosse Weg (nach Kuan shi und
Nankou) fort längs den letzten östlichsten Vorsprüngen der
Berge. Der Felsen, welcher sich am meisten nach Osten
vorschiebt, heisst Po wang shan (der Berg mit den hundert Aussichten), in der Volkssprache Wang rh shan.
Hoch oben sieht man alte Ruinen, über welche im Volksmunde verschiedene Traditionen existiren. Im Jahre 1001
fand in der Ebene bei Kuan shi eine grosse Schlacht Statt,
in welcher die Sung, welche damals in Nord-China herrsch-
ten, gegen die Liao kämpften. Die Kaiserin der Liao
nahm selbst am Kampfe Theil, in welchem ihre sechs Söhne
erschlagen wurden. Oben auf dem Wang rh shan, von
welchem das Schlachtfeld zu sehen, liess sie später ein
Kloster bauen. Es existirt ein Chinesischer historischer
Roman, welcher diese Sage zum Gegenstande hat. Nördlich
vom Wang rh shan sieht man nach Westen die Ebene eine
weite Bucht in die Berge machen. Hier finden sich zahlreiche Dörfer und am Gebirgsrande, in den Schluchten oder
hoch oben auf den Bergen sieht man malerische Klöster in
grosser Anzahl. Verlassen wir die grosse Strasse nach
Nankou und lenken westlich ein, dem Rande des Gebirges
auf passabel fahrbarem Wege folgend. Nachdem man durch
verschiedene grosse Dörfer gelangt, erblickt man nach an-

derthalb Stunden auf einem vorspringenden Hügel das stattliche Kloster H e i l u n g t ' a n (Kl. des schwarzen Drachens), welches sich mit seinen Gebäuden und Gärten terrassenförmig erhebt. Dieses Kloster wurde früher im Sommer von Europäern bewohnt. Es hat die Annehmlichkeit eines grossen Bassins, in welchem man baden kann, wurde häufig von den Ming-Kaisern besucht und auch die Kaiser der gegenwärtigen Dynastie frequentirten diesen Ort. Es giebt eine Kommunication auf kürzerem Wege als die angegebene zwischen Hei lung t'an und Peking. Wenn man nämlich den Hung shan k'ou verlassen, so führt ein Défilé gerade über die Berge in nordwestlicher Richtung nach Hei lung t'an, und man gewinnt 4 — 5 Werst. Diess ist ein alter künstlicher Weg mit Steinstufen, jedoch nur für Fussgänger und Reiter passeirbar. Das Défilé ist unter dem Namen K i n s h a n k'o u bekannt und kommt unter diesem Namen schon früh in der Chinesischen Geschichte vor.

Von Hei lung t'an nach Westen führt eine Fahrstrasse weiter nach dem Taoisten-Kloster W e n t s ' ü a n s z e (Kl. der warmen Quelle), welches wegen seiner wirksamen heissen Schwefelquellen häufig von Europäern besucht wird. Auch die Chinesen haben die Wirksamkeit dieser Quelle längst erkannt und man findet dort ausgemauerte Bassins, in welchen man die Bäder mit aller Bequemlichkeit nehmen kann. Ich habe häufig mit Erfolg Kranke (Rheumatismus, Gicht, Syphilis) dorthin geschickt. Der Ort ist nicht mehr als 5 — 6 Stunden von Peking entfernt. In den benachbarten Bergen hatten die Kin-Kaiser Sommer-Palläste, deren Spuren noch zu erkennen sind. Kaiser Kang hi (1662 — 1723) besuchte Wen ts'üan häufig und liess die Bassins zum Benutzen der Heilquellen einrichten. Man zeigt noch jetzt im Tempel des Kaisers Thron. Zwischen Hei lung t'an und Wen ts'üan sieht man einen isolirten Hügel mit einem einsamen alten Fichtenbaume darauf. Das ist der Ch u ch u shan (Spinnenberg), an den sich eine alte Sage knüpft. Im Westen von Wen ts'üan steigt ein steiler isolirter Felsen auf, welcher den Namen Ch'ang tse shan führt. Auf seinem Gipfel steht ein altes Kloster. Setzt man den Reise nach Westen, dem Gebirgsrande folgend, noch weiter fort, so gelangt man durch verschiedene grosse Dörfer, denn die Gegend ist hier reich kultivirt, und erreicht endlich im südwestlichen Winkel der grossen Bucht der Ebene das schöne grosse Kloster T a k i o s z e, welches seit einer Reihe von Jahren schon von der Deutschen Gesandtschaft zum Sommeraufenthalte gewählt wird. Es ist in der That ein für diese Zwecke sehr geeigneter Ort. Das Kloster mit seinen geräumigen Höfen, Gärten, prachtvollen Tempeln, Bassins und Fontainen lehnt sich dicht an die hohen Berge im Westen, terrassenförmig ansteigend, und bietet kühlenden Schatten. Es ist ein altes

Kloster, 1428 gegründet. Kaiser Tao kuang zu Anfang dieses Jahrhunderts besuchte es häufig und sein Thronsessel wird dort aufbewahrt. Dieser Tempel wird im Mai viel von Chinesen, namentlich von den Bewohnern Peking's besucht, denn man passirt ihn auf dem Wege zum berühmten Wallfahrtsorte M i a o f e n g s h a n, welcher im Westen jenseit des hohen Bergrückens liegt. An dem letztoren Orte befinden sich auf einer Höhe von 3500 Fuss mehrere Klöster, berüchtigt wegen ihrer heilbringenden Gottheiten, besonders in Frauen- und Kinderkrankheiten. Der Pilgerweg von Ta kio sze nach Miao feng shan (etwa 3 Stunden) ist ein künstlicher über die Berge angelegter Steinstufenweg, nur für Fussgänger praktikabel. Die reichen Chinesen lassen sich in Sänften von Menschen hinauftragen. Der Weg ist höchst ermüdend. Unterwegs trifft man mehrere sogenannte Ruhestationen, kleine wohl unterhaltene Tempel. Der Bergrücken hinter Ta kio sze, welchen man zunächst zu überschreiten hat, ist ungefähr 3000 Fuss hoch und heisst bei den Chinesen der Y a n g s h a n (Aussichtsberg). Der Weg hinauf ist sehr pittoresk und bietet in der That herrliche Aussichten. Die Berge sind mit Eichen, Kastanien, Ahorn (Acer truncatum), wilden Apfelbäumen, Diospyros Kaki, Crataegus pinnatifida bewachsen, doch bilden die Bäume keinen geschlossenen Wald. Der Botaniker findet auf diesem Wege manche seltene Pflanzen. Nachdem man den Gipfel des Passes erreicht, nahe der Station L o p o ti, steigt man auf der anderen Seite hinab in ein Thal, welches sich nach dem Hun ho öffnet und in welchem das grosse Dorf K i e n k o n liegt. In seiner Umgebung sieht man ganze Haine von Crataegus pinnatifida, Bäume von mehr als 30 Fuss Höhe bildend und im Mai vollständig mit weissen Blüthen bedeckt. Kien kon ist der Vereinigungspunkt für verschiedene Pilgerstrassen nach Miao feng shan. Ein Weg aus der Pekinger Ebene führt nämlich über M o h i k'on und San kia tien am Hun ho und weiter durch das oben erwähnte Thal über Tao yüan nach Kien kon. Ein dritter Pilgerpfad führt von Yang feng über den Bergrücken nach Kien kon. Um nach Miao feng shan zu gelangen, muss man von hier noch mehr als 1000 Fuss ansteigen. Die Klöster liegen etwa 3500 Fuss hoch. Im NW. von ihnen befindet sich der höchste Punkt dieser Gegend, von Dr. Fritsche auf 4275 Fuss bestimmt. Die Mönche zeigen eine steile Felswand, an welcher sich bisweilen Leute aus Elternliebe hinabstürzen sollen, indem sie dadurch einen zum Tode kranken Vater oder eine Mutter zu retten glauben.

Von Ta kio sze gelangt man durch ein breites Thal über einen Pass von sehr geringer Erhebung zum Hun ho. Man passirt dabei das grosse Dorf Y a n g kia t'u rh. Von diesem Dorfe führt ein schöner Weg nach H i a n g y ü und über die Berge nach P a t a ch'u und zur Pekinger Ebene. Man muss dabei mehrere kleinere Bergketten überschreiten. Der höchste Punkt auf diesem Wege heisst T'a rh ting und mag wohl 3000 Fuss hoch sein.

Nach den kaiserlichen Lustschlössern nehmen ohne Zweifel die Ming-Gräber in den nördlichen Bergen den ersten Rang ein unter den Sehenswürdigkeiten der Umgebung Peking's. Um dorthin zu gelangen, wählt man entweder die grosse Poststrasse über Ts'ing ho, Sha ho, Ch'ang p'ing chou, oder man kann die letztere Stadt auf einem kleinen Umwege erreichen, indem man den etwas östlicher gelegenen Weg wählt, welcher vom An ting men-Thore (9) gerade nach Norden führt, durch den wiederholt genannten Erdwall, wo eine kleine Zoll-Barrière. Dann erreicht man weiter den An ho-Fluss beim grossen Dorfe Li shui kiao, wo eine schöne Marmorbrücke. Weiter nach Norden gelangt man zu dem isolirten 120 Fuss hohen Hügel T'ang shan, berühmt wegen seiner heilkräftigen Thermen [1]), welche gleichfalls mit Erfolg gegen verschiedene Krankheiten gebraucht worden. Auf dem Berge befinden sich mehrere Klöster, am Fusse ein Dorf, ein schöner Park, Kaiser Kang hi baute ein kaiserliches Haus, Bassins &c. Man kann hier eine Badekur mit allen Bequemlichkeiten ausführen.

Nördlich von T'ang shan in den Bergen befindet sich das schöne Kloster Lung ts'üan ssu (Kloster der Drachenquelle), sehr pittoresk gelegen mit wasserreichen kalten Quellen. In der Umgegend eine schöne Flora. Das Kloster datirt aus dem 10. Jahrhundert. Doch setzen wir unsere Reise nach den Ming-Gräbern fort.

Die Ming-Gräber, d. h. die Grabstätten der Kaiser der Ming-Dynastie, welche in Peking vom Anfange des 15. Jahrhunderts bis zum Jahre 1644 residirten, liegen ungefähr 10 Werst im NW. von der Stadt Ch'ang p'ing chou, in einem rings von Bergen umgebenen Thalkessel, welcher wohl 10 Werst im Durchmesser haben mag. Es ist dies ein ödes verlassenes Thal, sehr passend gewählt als ruhige Stätte des Todes. Ein Fluss durchzieht das Thal von NW. nach SO. und noch einem zweiten Bergstrome, welcher sich in den ersteren ergiesst, begegnet man. Die hohen Berge im Norden heissen T'ien shou shan, doch die Ming-Gräber führen den Chinesischen Namen shi san ling

(die 13 Begräbnissplätze). Man gelangt von Süden her in diesen weiten Thalkessel durch ein von niedrigen Bergen gebildetes Défilé. Weiter nach Norden führt der Weg zu einem prachtvollen 50 Fuss hohen Marmorthore, welches 1541 errichtet wurde. Diese ist der Zugang zu den geheiligten Friedhöfen. Weiter führt eine Marmorbrücke über den Fluss und man bemerkt in weitem Kreise herum, in der Ferne am Fusse der Berge, eine Anzahl grüner Fichtenhaine. Das sind die einzelnen Begräbnissplätze. Die prachtvollste dieser Grabstätten, welche Europäer gewöhnlich besuchen, ist die des Kaisers Yung le, desselben, welcher zu Anfang des 15. Jahrhunderts die Chinesische Capitale von Nanking nach Peking verlegte. Doch bevor man dorthin gelangt, passirt man durch eine Allee von Marmorstatuen. Zu beiden Seiten des steingepflasterten Weges nämlich erheben sich in gewissen Abständen die grotesken Marmorstatuen von 12 Thierpaaren und 12 Menschen, namentlich 2 Paar Elephanten, 2 Paar Kameele, 2 Paar Löwen, 2 Paar Einhorne, 2 Paar Kilin (fabelhafte Thiere), 2 Paar Pferde, von jedem Paare eins in knieender, eins in stehender Stellung. Diese Thierstatuen sind alle in Lebensgrösse und darüber aus Marmor gehauen (jede aus einem Stücke). Die stehenden Elephanten sind 14 Fuss hoch. Es ist kaum zu begreifen, wie diese Marmorblöcke hierher gebracht worden. Die menschlichen Statuen repräsentiren Staatsbeamte, Krieger, Priester, &c. Alle Statuen wurden im Jahre 1436 hier aufgestellt. Yung le's Grabstätte, zu welcher der Steinweg führt, ist von schönen Fichten (Pinus sinensis) und Eichen beschattet. Das Bemerkenswertheste hier ist die grosse Opferhalle, welche auf 60 enormen Holzsäulen ruht. Jede ist 42 Fuss hoch und hat 12 Fuss im Umfange. Lockhart und eben so Edkins geben an, diese Säulen seien Teakholz (Tectona grandis), aus Pegu hierher gebracht. Ich glaube, das ist nur eine Vermuthung dieser Herren. Mir scheint es vielmehr, dass die Säulen aus dem von den Chinesen so geschätzten incorruptiblen Bauholze n a n m u bestehen, welches schon seit alten Zeiten aus den Provinzen Central-China's und aus Sze ch'uan zu kaiserlichen Bauten bezogen wird. Wenigstens giebt die Geschichte der Ming-Dynastie an, dass im Jahre 1406 befohlen ward, Bauholz von grossen Dimensionen zum Baue der Pekinger Kaiser-Paläste und der Tempel ausserhalb der Stadt aus den Provinzen Sze ch'uan und Hu kuang herbeizuschaffen. Teakholz kommt in China nicht vor. Das nan mu ist gegenwärtig in China schon selten geworden, doch Pater David erzählte mir, dass er in Sze ch'uan noch Wälder von diesen stattlichen hohen Bäumen gesehen. Es ist diese eine für unsere Botaniker neue Art L a u r u s. Hinter der Opferhalle befindet sich das Grab des Kaisers mit einem prachtvollen Grabsteine. Seine Überreste ruhen

---

[1]) Diese Heilquelle ist nicht chemisch untersucht worden. Ich will die Analyse einer anderen Therme, welche beim Tempel Fu to'üan ssu, in der Nähe des östlichen Begräbnissplatzes der gegenwärtigen Dynastie, hervorquillt, und die von meinem Freunde Billequin, Professor der Chemie am Pekinger Collège, gemacht worden, geben. In 1 Liter Wasser = 0,722 Grammes fester Bestandtheile, davon 0,11 Schwefelnatrium, 0,302 schwefelsaures Natron, 0,155 schwefelsaurer Kalk, 0,081 chlor- und kohlensaure alkalische Salze. Temperatur 43° R. Kaiser Kang hi badete hier häufig. Es existirt eine Tradition, dass Hua t'o, einer der berühmtesten Chinesischen Ärzte im 3. Jahrh. n. Chr., hier lebte und die Mineralquelle empfahl.

gerade unter der Mitte des angrenzenden Berges, wohin
man einen langen unterirdischen Gang gegraben und nach
Ablegung des Sarges am Ende desselben wieder ausgefüllt
und vermauert hat. In Peking sind überhaupt 14 Ming-
Kaiser gestorben, doch nur 13 ruhen im Shi san ling. Einer
der Kaiser, King ti (1450—1457)[1], wurde als Usurpator
angesehen und in der Nähe des Klosters Yi kuan sse begraben (s. oben).

Alle die Dynastien, welche successive in China regiert
haben, hatten ihre prachtvollen Grabstätten. Von den in
Peking residirenden Dynastien hatten die Liao 916—1125
ihre Gräber dort, von wo sie ihren Ursprung herleiteten,
nämlich in der südlichen Mandschurei bei der Stadt Kuang
ning. Die Grabstätten der Kin 1115—1234, deren Ruinen
man noch heute sehen kann[2], befinden sich in den Bergen
westlich von der Stadt Fan chang hien (s. Karte). Die
sterblichen Überreste der Kaiser der Mongolen-Dynastie,
welche 1280—1368 in China herrschte, wurden bekanntlich zum Flusse Kerulun in der nördlichen Mongolei gebracht. Dort war auch Dschingiskhan's Grab. Die gegenwärtige Dynastie hat zwei Grabstätten. Die eine, Tung
ling (östliche Gräber), liegt 120 Werst nordöstlich von
Peking, in der Nähe der grossen Mauer. Der Weg dorthin
geht über San ho, Ki chou &c. Die zweite etwas näher
gelegene befindet sich in den Bergen im Westen der Stadt
I chon, im SW. der Capitale, und wird Si ling (westliche Gräber) genannt. Zu beiden ist natürlich der Zutritt
Europäern nicht gestattet. Sie werden von höheren Beamten bewacht. Die Kaiser werden abwechselnd, einer auf
dem westlichen, einer auf dem östlichen Begräbnissplatze
begraben.

Nach dieser Excursion im Norden der Capitale will ich
den Leser wiederum in die Berge im Westen führen, nach
einer Gegend, welche der Europäischen Colonie in Peking
wohl bekannt ist. Am südöstlichen Abhange der bereits
wiederholt erwähnten sich in die Ebene vorschiebenden Bergmasse, deren Ausläufer die Lustgärten und Sommer-Paläste
der Kaiser tragen, bildet die Ebene wiederum eine Bucht,
und acht bemerkenswerthe Klöster liegen hier terrassenförmig übereinander an dem ziemlich steil ansteigenden Berg-
winden. Der Berg, auf welchem die Klöster angelegt, heisst
Tsui wei shan (der grüne Berg). Die Gegend ist auch
unter dem Namen sse p'ing t'ai (die vier Terrassen) bekannt, oder man nennt sie wohl auch Pa ta ch'n (die 8
grossen Orte). In den malerisch gelegenen Tempeln dieser

Gegend siedelt sich, schon seit der ersten Zeit ihrer In-
stallation in Peking, im Sommer die Englische Legation mit
ihrem zahlreichen Personal an und auch der Gesandte der
Verein. Staaten von Nord-Amerika pflegt hier den Sommer
zuzubringen. Um von Peking nach Pa ta ch'u zu gelangen, verlässt man gewöhnlich die Stadt beim Thore Ping
tse men (12) und reitet (oder fährt) durch eine sehr be-
lebte Gegend, reich an Tempeln, Gärten, Begräbnissplätzen
und Monumenten, nach Westen. 4 Werst vom Thore liegt
das grosse Dorf Pa ta ch'u, berühmt durch seine schöne
Pagode, welche im 16. Jahrhundert erbaut worden. Dieser
vieletagige Thurm ähnelt in seiner Gestalt denen vom Kloster Tien ling ase und auf dem Gipfel von Yü ts'üan shan
und da alle drei in der Ebene weithin sichtbar sind, so
leisten sie gute Dienste, um sich in diesem Labyrinth von
Wegen zurecht zu finden. Im Dorfe Pa li ch'uang befinden
sich mehrere grosse Klöster. Die bedeutendsten heissen
Mo ho an und Tse shon sse, beide aus dem 16. Jahrhundert. Weiter nach Westen gelangt man zum Dorfe
T'ien ts'un. Nahe dabei sieht man eine Gruppe kaiserlicher Gebäude mit gelben Dachpfannen-Dächern. Wenn ein
Kaiser gestorben, so wird seine Leiche hier abgesetzt und
bleibt hier so lange bis seine Grabstätte auf dem eigentlichen Begräbnissplatze (Si ling s. oben) hergerichtet ist. Das
dauert gewöhnlich mehrere Jahre. Der vor kurzem ge-
storbene Kaiser ward auch nach diesem temporären Friedhofe (Chinesisch chan an ch'a, gewöhnlich einfach Huang
ling (kaiserlicher Friedhof) genannt, gebracht, denn er soll
im Si ling (s. oben) begraben werden. — Einige Werst
nordöstlich von Peking befindet sich eben solch ein tempo-
rärer kaiserl. Friedhof (siehe oben). Einige Werst weiter
nach Westen kommen wir durch das Dorf Huang ts'un.
Nahe dabei ist ein Nonnenkloster. Von hier sieht man bereits im NW. halb verborgen in lieblichen Hainen die acht
Klöster eine Kette bildend, vom Fusse bis zum Gipfel.
Eines derselben (Ling kuang sse) fällt durch seine weisse
Pagode auf. Doch bevor ich den Leser dorthin führe, will
ich eine Hügelgruppe erwähnen, die man im Süden von
unserem Wege mitten aus der Ebene sich erhebend bemerkt.
Es sind diese vier von einander getrennte Hügel, einige hundert Fuss hoch, der grösste etwa eine Werst im Durchmesser. An den nördlichsten derselben lehnt sich die eben erwähnte kaiserliche Begräbniss-Station. Auf dem Gipfel eines
anderen Hügels, etwa 1 Werst südlicher, steht das Kloster
Pa pao shan und östlich davon, am Fusse des dritten
Hügels liegt das hübsche Kloster Hu kuo sse. Alle Mönche
darin sind Eunuchen.

Schon im 7. Jahrhundert war, wie die Geschichte berichtet, der Ts'ui wei shan den Bewohnern Peking's wohlbekannt und schon damals standen in dieser lieblichen Ge-

---

[1] Kaiser Ying tsung wurde in einer unglücklichen Schlacht gegen
die Mongolen 1449 bei Tu mu (s. Karte) gefangen genommen. Sein
Bruder (King ti) usurpirte den Thron.

[2] Vergl. Archimandrit Palladius' Bemerkungen darüber in den
Nachrichten der Petersburger geogr. Gesellschaft, 1866, S. 33.

gend verschiedene Klöster. Gegenwärtig sind die Namen
der acht Klöster, von oben nach unten gerechnet, die fol-
genden: Der oberste Tempel heisst P a o c h u t u n g, dann
folgen S a n k i e s s e (im 8. oder 9. Jahrhundert gegründet), L u n g w a n g t' a n g, T a p e i s s e, S a n s h a n a n,
L i n g k u a n g s s e (existirte schon im 12. Jahrhundert).
Ganz am Fusse des Berges befindet sich C h e n g e n s s e.
Durch eine Schlucht von den übrigen Klöstern getrennt liegt
P i m o y e n, welches Kloster bereits im 7. Jahrhundert
existirte.

Setzt man von Huang ts'un den Weg gerade zum Hun
ho fort, so gelangt man zunächst zum grossen Dorfe M o
s h i k o u und weiter nach M a y ü und S a n k i a t i e n.
Letzterem Dorfe gegenüber auf der anderen Seite des Hun
ho befindet sich eine kaiserliche Ziegelfabrik (L i u l i k ü),
in welcher jene schönen gelb und grün gefärbten glasirten
Ziegeln und Dachpfannen für die kaiserl. Bauten verfertigt
werden, welche man an den kaiserlichen Gebäuden so häufig
sieht. Die zur Fabrikation verwendeten Steinkohlen kommen aus den benachbarten Bergen. San kia tien ist ein
sehr belebtes Dorf, durch welches ein grosser Theil des
Steinkohlen-Transportes nach Peking geht. Ich werde später
ausführlicher über die zu den Steinkohlenlagern führenden
Wege sprechen. Hier will ich nur erwähnen, dass die Kohlen aus den westlichen Bergen auf sehr beschwerlichen
Wegen auf Maulthieren nach San kia tien gebracht werden.
In San kia tien werden sie auf Kameele geladen, und nach
Peking befördert, wo sie fast das alleinige Brennmaterial
liefern. Schon Marco Polo spricht von den schwarzen Steinen, welche in Peking als Brennstoff benützt werden. Fast
das ganze Jahr hindurch begegnet man auf dieser Strasse
von Peking zum Hun ho langen Reihen von mit Steinkohlen
beladenen Kameelen.

Südlich von Mo shi k'ou, einige Werst entfernt, erhebt
sich ein isolirter 460 Fuss hoher Berg mit einem Kloster
auf seinem Gipfel. Er führt den Namen S h i k i n g s h a n
und fällt an seiner westlichen Seite steil ab zum Hun ho,
welcher hier gewöhnlich nicht tief, doch ziemlich rapid ist.
Etwa 1½ Werst stromabwärts liegt am linken Flussufer das
grosse Kloster P e i h u i t s i m i a o, am Anfang des 18. Jahrhunderts gegründet. Das linke Hun ho-Ufer zeigt hier
solide Dämme. Hier befindet sich auch die eiserne Kuh,
welche ich oben erwähnte.

Gegenüber Pei hui tsi miao am rechten Hun ho-Ufer
dehnt sich eine mehrere Werst breite Ebene zwischen den
Bergen und dem Flusse aus. Das Wasser des Hun ho wird
hier vielfach abgeleitet in die Dörfer und Fermen und zu
Wasserkulturen benutzt. Durch diese Ebene gelangt man
über die Dörfer T s' a o k o c h u a n g und S c h i c h' a n g
im SW. zum Fusse des Gebirges und bemerkt hoch oben

inmitten eines schönen Waldes die ausgedehnten Mauern
und Gebäude eines Klosters. Diess ist T s i e t' a i s s e, eins
der ersten Klöster China's. Der Berg, auf welchem dasselbe in einer Höhe von mehr als 1000 Fuss erbaut ist, bildet
eine vorspringende Ecke der Gebirgskette, welche das rechte
Hun ho-Ufer begleitet. Von hier ab wendet sich der Ge-
birgsrand nach WSW., während der Hun ho nach SO. fliesst.
Vom oben erwähnten Dorfe Schi ch'ang ab beginnt der Weg
sehr steinig zu werden. Beim kleinen Dorfe K'o lo tu r
ist man am Fusse des Berges angelangt und von hier führt
ein ziemlich steiler künstlicher Weg in etwas mehr als einer Stunde durch herrlichen Wald hinauf zum alten berühmten Kloster, dessen rothe Mauern man erst wieder erblickt, wenn man ganz nahe am Thore. Man legt den Weg
hinauf am besten zu Fuss zurück, Reitpferde können leicht
verdorben werden auf dem steilen steinigen Terrain. Das
Kloster Tsie t'ai sse, in Terrassen angelegt, wie alle Berg-
klöster, hat eine grosse Ausdehnung. Wie eine Inschrift
sagt, datirt es aus der Zeit der T'ang-Dynastie (8. oder 9.
Jahrhundert) und ist gegenwärtig eins der wichtigsten Klöster China's, denn hier werden die buddhistischen Mönche or-
dinirt. Tsie t'ai sse war ein Lieblingsaufenthalt des Kaisers
Kien lung (1736—96) und manche seiner Verse, welche er
inspirirt durch die pittoreske Umgebung gedichtet, sind
hier in grosse Marmortafeln eingegraben, die auf einer grossen
Terrasse aufgestellt wurden. Diese Terrasse, von merkwürdigen alten Bäumen beschattet, bietet eine entzückende Aussicht auf die lachende Pekinger Ebene und die grosse Residenzstadt inmitten derselben in ihrer ganzen ungeheueren
Ausdehnung. Den Lauf des Hun ho verfolgt das Auge weit
hinaus in die Ebene, durch welche er sich wie ein silbernes
Band schlängelt. Deutlich unterscheidet man die hohen
Bogen der stolzen Lu kou kiao-Brücke. Die Bäume auf der
grossen Terrasse sind seculäre Fichten (Pinus Massoniana
und die weissrindige Pinus Bungeana). Auf eine der letzteren hat man einen Zweig von Pinus Massoniana gepfropft.
In einem der Klosterhöfe zeigen die Mönche ein noch grö-
sseres Naturwunder, einen Ulmenbaum auf eine Fichte gepfropft. Bei näherer Untersuchung scheint es, dass der
Ulmenbaum aus einer Anahöhlung der Fichte hervorwuchs
und seine Wurzeln in der Erde hat, doch füllt er die etwa
einen halben Fuss breite Aushöhlung so vollständig aus, dass
es in der That das Ansehen hat, als seien die beiden Bäume
zusammengewachsen. Üppige Vegetation sprosst überall in
der Umgebung des Klosters. Der Wald besteht vorherr-
schend aus Eichen (Quercus obovata mit enormen bis
2 Fuss langen Blättern und Quercus chinensis mit
Blättern, die denen der Kastanie ähnlich), wilden Maulbeer-
bäumen, Celtis sinensis, Ailanthus glandulosa;
auch Sophora flavescens, ein kleiner Strauch, und ver-

schiedene Vitis-Arten sind überall häufig. Hinter der Kloster-Mauer im SW. steht ein Prachtexemplar von Ligustrum amurensis, ein Baum zwischen 30 und 40 Fuss hoch, im Mai ganz bedeckt von wohlriechenden weissen Blüthen. Feierliche Stille herrscht gewöhnlich an diesem geheiligten Orte, doch in bestimmten Intervallen hört man Tag und Nacht den Ton einer grossen Glocke, welche in einer Ecke des Klosters aufgehängt ist und von einem erblindeten Eremiten angeschlagen wird. In der Nacht hört man wohl auch das Geheul eines Leoparden, welcher das Kloster umschleicht und sich gelegentlich einen Hund von dort holt. Hinter dem Kloster im Westen giebt es schöne Spaziergänge und bemerkenswerthe Höhlen in den Bergen, in welchen kleine buddhistische Tempel angelegt sind. Am Fusse der Berge von Tsie t'ai sse, auf der Strasse nach Lu kou kiao, sieht man das Dorf Hui cheng, bei welchem sich grosse Kalkbrüche befinden.

Zwei Stunden von Tsie t'ai sse im NW. liegt T'an che sze, ein anderes grosses und berühmtes Kloster und, wie es scheint, das älteste in der Umgebung Peking's, denn es existirte an dieser Stelle bereits im 4. Jahrhundert unserer Aera. Der Weg von Tsie t'ai sse nach T'an che sse führt über die Berge und ist recht beschwerlich. Man sieht auf diesem Wege das Kloster Si feng sse, ein verfallenes einst berühmtes Kloster aus der Mongolenzeit. In demselben befinden sich die sterblichen Überreste eines Heiligen, welche von aussen mit einer erhärteten Masse überzogen und vergoldet, so dass der Heilige von einem Götzenbilde nicht zu unterscheiden ist. Weiter gelangt man bergauf-bergabsteigend zu einer Stelle, wo Steinkohlen exploitirt werden. Diese Minen sind Eigenthum der katholischen Mission. Endlich gelangt man in ein Thal und dasselbe aufwärts verfolgend nach T'an che sse. Das Kloster ist an einer engen Stelle des Thales angelegt und sieht sich mit seinen majestätischen Gebäuden und terrassenförmig ansteigenden Klosterhöfen die steilen Bergwände hinauf. Schöner Fichtenwald verbirgt zum Theil diese colossalen Bauten. Das Thal, in welchem dieses Kloster liegt, mündet im Süden in die Ebene aus. Auf den Chinesischen Karten wird der Fluss, welcher durch dasselbe fliesst, Mang niu ho genannt. Er passirt Liang hiang hien und ergiesst sich in den Lia li ho. T'an che sse ist gleichfalls ein höchst interessantes Kloster, sowohl durch seine malerische Lage, als auch durch seine Prachtbauten und schönen Gartenanlagen. Neben einem der Haupttempel steht eine Salisburia von ungewöhnlicher Grösse, deren Stamm 40 Fuss im Umfange hat. Eigentlich sind es mehrere Bäume, die zu einem zusammengewachsen. Nach der Tradition ist dieser Baum vom Kaiser Yung le zu Anfang des 15. Jahrhunderts eigenhändig gepflanzt worden. Nahe dabei stehen auch zwei Pracht-

exemplare von Aesculus chinensis, die grössten Bäume dieser Art, welche man in der Umgebung Peking's findet. In den Klostergärten sieht man ferner schöne Exemplare von Magnolia Yülan, Sterculia platanifolia, einige grosse Chamaerops Fortunei und hochstämmige Bambus.

Wenn man von den Bergen bei Tsie t'ai sse, dem Rande des Gebirges folgend, in südwestlicher Richtung fortgeht, so entdeckt man in den Schluchten und auf den Berggipfeln noch manche interessante und malerisch gelegene Klöster. Eines der berühmtesten führt den Namen Si yä sse und liegt in den Bergen westlich von der Stadt Fang shan hien. Es ist sehr alt, seine Geschichte geht beinahe 1300 Jahre zurück. Beim Kloster befinden sich in den Bergen ausgedehnte Höhlen, welche bei Fackelschein besichtigt werden können.

Fünf bis sechs Werst im SW. vom Pekinger Thore Nan si men (18) gelangt man in eine Gegend, welche das Centrum alle Schule der Pekinger Hortikultur ist. Es ist diess das bereits erwähnte Feng t'ai, ein Collectivname für 18 kleine Dörfer, die nahe beisammen liegen und deren gesammte Bevölkerung sich seit langer Zeit schon dem Gartenbaue widmet. Nachdem man das genannte Stadtthor verlassen, erreicht man bald beim Dorfe T'ie kia ying den kleinen Fluss Liang shui, welcher durch morastigen Wiesengrund fliesst. Beim kleinen Tempel Hua shen miao, dem Gotte der Blumen geweiht, beginnen die Gärtner-Dörfer. Die grössten heissen Fan kia la, La kia ts'an und Meng kia ts'un. Aus Feng t'ai gehen die besten Gärtner hervor. Hier kann man auch die seltensten Ornamental-Pflanzen, Blumen, Bäume, Früchte und Gemüse aller Art antreffen. Überall sieht man Pepinièren, Treibhäuser, Gemüse- und Fruchtgärten. Eine schöne Abies mit silbergllänzenden Nadeln wird dort kultivirt. Sie soll in den Bergen wild vorkommen. — Die Chinesischen Treibhäuser, obgleich von sehr primitiver Bauart, erfüllen doch ihren Zweck vollkommen. Es sind ganz gewöhnliche Chinesische Häuser mit der Fronte nach Süden gerichtet, welche anstatt der Glasfenster unserer Treibhäuser Fenster aus dem starken Koreanischen Papiere (Broussonetia papyrifera) gefertigt haben. Dieses Papier lässt genug Licht hindurch, und ist ein schlechterer Wärmeleiter als Glas. Die Treibhäuser werden durch kleine transportable Chinesische Öfen nach Bedürfniss geheizt und trotz des strengen Pekinger Winters kann man hier im Januar blühende Camellien, Magnolien, Chimoonanthus fragrans &c. bekommen.

In der Ebene im Süden von Peking wird ein grosser Flächenraum, beinahe drei Mal so gross als Peking, von einem kaiserlichen Jagd-Parke eingenommen, welcher unter dem Namen Nan hai tsse (südliche See'n) oder auch

Nan yüan (südlicher Park) bekannt ist. Neun grosse Thore führen durch die den Park einschliessende Mauer, welche nach Chinesischen Angaben eine Ausdehnung von 120 li (60 Werst) hat. Ausser den grossen Thoren giebt es noch mehrere kleine Zugänge. Die nördliche Mauer des Nan hai tze ist etwa 3 Werst von der südlichen Stadtmauer Peking's entfernt. Das Flüsschen Liang shui ho, dessen Verlauf bereits oben angegeben, fliesst Anfangs zwischen Peking und dem Parke und tritt dann durch die Parkmauer, bildet innerhalb einige See'n und verlässt den Park durch die östliche Mauer tretend. Im südlichen Theile des Parkes entspringt ein zweites Flüsschen, welches wir bereits unter dem Namen Feng ho kennen gelernt haben. Schon zur Zeit der Mongolen-Dynastie im 13. und 14. Jahrhundert, war, wie die Chinesischen Werke berichten, hier ein Jagdpark, namentlich für Wasser- und Federwild. Die grosse Mauer um den Park soll von den Kaisern der Ming-Dynastie erbaut worden sein, welche im Nan hai tze ihre Sommer-Paläste hatten. Auch die Kaiser der gegenwärtigen Dynastie haben sich dort häufig dem Vergnügen der Jagd gewidmet, namentlich Kang hi und Kien lung. Sie liessen dort Paläste und Klöster bauen, welche noch gegenwärtig existiren. Das von den Mauern eingeschlossene Terrain umfasst ein Areal von etwa 3½ Quadratmeilen, ist also um etwas grösser als das Fürstenthum Liechtenstein. Gegenwärtig besteht ein grosser Theil des Nan hai tze aus Militär-Ansiedelungen und man begegnet Dörfern und Feldern. Nur einzelne Theile des Parkes bestehen noch als Wildpark. Man findet dort Fasanen und anderes Federwild, Hasen, grosse Rudel Hirsche, namentlich den gefleckten Axis und jenen eigenthümlichen grossen Hirsch, welchen Abbé David vor 10 Jahren hier zuerst entdeckte und der gegenwärtig bereits in einigen Europäischen zoologischen Gärten unter dem Namen Elaphurus Davidianus gefunden wird. Wild kommt dieser Hirsch bei Peking nicht vor. Es ist unbekannt, wo er herstammt. — Durch den Nan hai tze führen mehrere grosse Strassen hindurch und jedem Chinesen ist der Zutritt gestattet. Doch sobald sich ein Europäer vor einem der Thore blicken lässt, wird dieses eiligst geschlossen. Übrigens ist der Park von Europäern, die sich hineingeschlichen, wiederholt besucht worden. Vor den Thoren liegen einige grosse Dörfer. Eins derselben, Ma kü kiao, an der östlichen Mauer, ist bekannt wegen seiner grossen Branntweinbrennereien. Die Mauer des Nan hai tze, 20 Fuss und mehr hoch, bildet keine regelmässigen Linien. Herr O. v. Moellendorff von der Deutschen Gesandtschaft hat ihren Verlauf zum Theile unternommen und ich habe sie nach seinen Angaben auf meiner Karte gezeichnet, ausserdem aber auch den Chinesischen Plan des Nan hai tze benützt.

Hiermit schliesse ich meine Beschreibung der Umgebungen Peking's. Sie macht keinen Anspruch auf Vollständigkeit. Ich habe den Leser nicht ermüden wollen durch zahlreiche Details, sondern beabsichtigte nur, ihm das Bemerkenswertheste über die topographischen Verhältnisse der Pekinger Ebene und des angrenzenden Gebirgslandes anzudeuten, gerade so viel als nöthig ist, um diese interessante, in Europa noch so unvollkommen bekannte Gegend in allgemeinen Umrissen zu zeichnen. — Es sei mir erlaubt, zu diesen Skizzen noch einen Bericht hinzuzufügen über eine Reise, welche ich im letzten Sommer weiter hinein in das wilde Gebirgsland im Westen von Peking unternommen.

6. Reise zum Berge Po hua shan.

In den Chinesischen Werken hatte ich gelesen, dass einige Tagereisen im Westen von Peking sich ein hoher Berg befinde, welcher die umstehenden Gebirge überragt, und welcher wegen der Blumenpracht, die er im Hochsommer entfaltet, den Namen Po hua shan (Berg der hundert Blumen [1]) führt, und ausserdem berühmt ist wegen seiner Arzneikräuter. Er war bereits im 12. Jahrhundert den Bewohnern Peking's wohlbekannt und Jahrhunderte später zeigte man noch die steinerne Bank auf dem Berge, auf welcher ein Kaiser der Kin-Dynastie (Ende des 12. Jahrhunderts) gesessen. In dem alten archäologischen Werke Ji hia kin wen (s. oben), welches diese Details giebt, ist auch eine alte Marschroute aus vergangenen Jahrhunderten zum Po hua shan angegeben und viele der dort aufgeführten Ortschaften existiren noch heute unter denselben Namen. Es war mir ausserdem bekannt, dass einer meiner Vorgänger, Dr. Kirillow, vor ungefähr 40 Jahren, damals Arzt bei der Russischen geistlichen Mission in Peking, eine botanische Reise nach dem Po hua shan unternommen und manche interessante Pflanzen von dort mitgebracht, welche sich im Herbarium der kaiserl. Akademie der Wissenschaften und den botanischen Garten in St. Petersburg befinden. Der unermüdliche Naturforscher Abbé David hat in neuerer Zeit die Fauna jener Gegend untersucht, welche überhaupt den katholischen Missionären wohl bekannt ist, weil sie dort christliche Gemeinden haben. Doch veröffentlicht ist über den Po hua shan bis jetzt nichts. Baron Richthofen in seinen werthvollen geognostischen Reiseskizzen erwähnt ihn nicht, obgleich er ihn aus der Ferne gesehen haben muss, denn sein Weg führte kaum eine Tagereise weit vorbei und der Berg ist wegen seiner bedeutenden Erhebung von vielen Punkten aus sichtbar und durch seine zwei Gipfel leicht zu erkennen. Man sieht ihn bei klarem Wetter sogar von der Pekinger Stadtmauer in einer Entfernung,

---

[1] Die Zahl „hundert" wird im Chinesischen häufig in der Bedeutung „grosse Anzahl" gebraucht.

die ich in gerader Linie auf 70 Werst schätze. Der Po hua shan ist nur eine Tagereise entfernt von den Hauptsteinkohlenminen, welche Peking mit Steinkohlen versorgen. — Es giebt drei Wege, auf welchen man von Peking zum Po hua shan gelangen kann, — das sind zugleich auch die Wege zu den Kohlenminen. — Die Chinesen unterscheiden sie als die nördliche, mittlere und südliche Route. Alle sind mehr oder weniger beschwerlich und es ist rathsam, für die Reise dorthin Maulthiere zu miethen, welche an die Wege gewöhnt sind. Auch dann sieht man sich genöthigt, einen grossen Theil des Weges zu Fuss zu machen. Nur streckenweis findet man im Gebirge künstlich angelegte Wege, meist muss man durch die Betten der Bergströme reiten. Deshalb ist im Hochsommer, während und nach der Regenzeit, die Communikation mit jenen Berggegenden oft für längere Zeit unterbrochen.

Der Bischof für die Römisch-katholischen Gemeinden in der Provinz Chili, Monseigneur Delaplace, ein sehr gebildeter und wohlwollender Mann, war so freundlich, mir seine Hülfe zur Ausführung meines Reiseplanes anzubieten, was ich dankbar annahm. Die katholische Mission hat christliche Gemeinden in der Nähe des Po hua shan und von dort wurden für mich die nöthigen Thiere herbeigeschafft nebst einem ortskundigen Führer. Der Herr Abbé Favier, welcher bei seinen mühsamen Berufsgeschäften häufig jene Gegenden besucht, war so freundlich, mich mit praktischen Rathschlägen zu versehen, von denen der, warme Winterkleider mitzunehmen, trotzdem wir uns dem Sommersolstitium näherten und die Hitze in Peking eine erstickende war, — sich namentlich als sehr nützlich erwies.

Am 25. Mai 1874 (neuen Styls), Morgens vor Sonnenaufgang, begannen die vorbereitenden Operationen, um unsere kleine Karawane in Bewegung zu bringen. Sie bestand aus 3 starken Maulthieren und 5 grossen erfahrenen Eseln, bewährten Bergsteigern. Die letzteren dienten für mich und meine beiden Chinesischen Diener als Reitthiere. Die Maulthiere nahmen das schwerere Gepäck und letzteres ist auf solchen Reisen in China für den Europäer, der nicht ganz als Chinese leben will, immer recht bedeutend, denn er muss alles mitnehmen, was er zu seinem Lebensunterhalt und für die gewohnte Bequemlichkeit braucht, namentlich ist ein portatives eisernes, wanzenfestes Bett zu empfehlen, so wie ein guter Vorrath an hermetisch verschlossenen Victualien. Eine segensreiche Erfindung für Reisende ausserhalb Europa, deren Werth man in Europa wohl kaum kennt, ist die Methode, alle nur denkbaren Victualien in comprimirter Form hermetisch in Blechbüchsen zu verpacken. In England und Frankreich werden diese Konserven in ungeheuerem Maassstabe producirt und nach den ausser-Europäischen Ländern versandt. Man wird durch

dieselben in Stand gesetzt, in Gegenden zu reisen, die alle menschlichen Nahrungsmittel entbehren. Die Chinesen haben eine sehr praktische Methode, Maulthiere und Kameele zu belasten. Während in Westasien die Last immer direkt auf dem Saumsattel mit Stricken befestigt wird, was stets sehr viel Zeit nimmt, werden in China die Kollis zuerst auf einem Holzbocke befestigt, und dieser wird dann auf den hölzernen Saumsattel gelegt, wo er gerade hineinpasst und keiner weiteren Befestigung bedarf. Der Führer unserer Karawane war ein junger, kräftiger und intelligenter Bursche aus einem der christlichen Gebirgsdörfer, welcher auf der Reise überall gut Bescheid wusste. So setzten wir uns denn bei Sonnenaufgang, aus der Russischen Gesandtschaft [1] aufbrechend, in Bewegung und es dauerte wohl anderthalb Stunden, bis wir die stauberfüllte Stadt hinter uns hatten und durch das Thor Si chi men in's Freie gelangten. Auf dem schönen Steinwege, welcher zu den Sommer-Palästen führt, setzten wir unseren Weg weiter fort. Ich hatte den nördlicheren, weitesten Weg zum Po hua shan gewählt, welcher nach Norden einen grossen Bogen beschreibt, dafür aber die Vortheile eines weniger beschwerlichen Terrains bietet. Es war ein heisser staubiger Maientag, und so sind die Tage des Wonnemonats alle in der Pekinger Ebene; Anfangs machte sich noch die Morgenfrische geltend, doch bald begann die Sonne unbarmherzig auf uns herab zu sengen, Menschen und Thiere ermattend. Auf dem Steinwege gelangt man bald zum grossen Dorfe Hai tien, in der Nähe der Sommer-Paläste. Hier herrschte ein reges Leben. Unzählige Karren, Lastwagen und belastete Maulthiere versperrten häufig den Weg. Der junge Kaiser [2] hatte Tags zuvor Yüan ming yüan, dem Lieblingsaufenthalte seines Vaters, einen Besuch gemacht und man war damit beschäftigt, den grossen Apparat, dessen eine kaiserliche Vergnügungsreise stets bedarf, wieder nach Peking zu schaffen. Couriere gallopirten hin und her. Ambulante Garköche und Kuchenbäcker, auf den Appetit der circulirenden Masse, und schmutzige Bettler, auf deren Mildthätigkeit rechnend, trieben sich überall umher. Bald erreichten wir die Mauern von Yüan ming yüan und im Westen tauchte der liebliche Hügel von Wan shou shan mit seinen rauchgeschwärzten Ruinen auf. Unser Weg führte zwischen den beiden Lustgärten hindurch nach dem Dorfe Ts'ing lung k'iao, dann durch das Défilé Hung shan kou zum Dorfe Pei wang, welches am Fusse des historischen Wang rh shan mit seinen alten Ruinen liegt. Diesen Weg habe ich bereits früher beschrieben. In einem miserablen kleinen Gasthause wurde einige Stunden gerastet und nachdem unsere Thiere sich durch Nahrung ge-

---

stärkt und ihre gedrückten Rücken mit Wohlbehagen im Sande gewälzt, wurden sie wieder belastet und wir setzten bei drückender Hitze unseren Weg durch die Ebene in nordwestlicher Richtung fort. Wir passirten durch mehrere kleine Dörfer, zogen an Friedhöfen und Klöstern vorbei, die überall eingestreut sind zwischen dem Ackerlande. Es wächst in dieser Gegend häufig Nambnens Williamsii Hance. Alle Feldränder sind damit eingefasst. Das nächste grosse Dorf, durch welches unsere Strasse führte, heisst Kuan shi und etwa eine Werst weiter nordwestlich liegt ein eben so grosses Dorf Yang fang. Obgleich nach unserem Programme das Nachtlager noch einige Stunden weiter schon im Gebirge sein sollte, so beschlossen wir, durch die starke Hitze ermattet, hier zu nächtigen, und eins der zahlreichen Wirthshäuser nahm unsere Karawane auf. Yang fang liegt an der grossen Handelsstrasse von Peking nach Kalgan und Russland. Es wohnen in diesem Dorfe viele Mohamedaner (Hui hui) und auch der Wirth unseres Gasthauses war ein solcher. Die Mohamedaner in und um Peking (ihre Anzahl ist recht bedeutend) unterscheiden sich äusserlich durch nichts von den Chinesen, in ihren Gebräuchen aber dadurch, dass sie kein Schweinefleisch essen und keinen Wein trinken, doch sind sie nicht fanatisch wie ihre Glaubensgenossen im Westen. Die Gasthöfe in Nord-China, welche übrigens passender mit dem Namen Karawanserais zu bezeichnen wären, sind alle nach demselben Muster gebaut und haben wie es scheint seit Confucius' Zeiten keine Veränderung im Style ihrer Bauart erlitten. Ein grosses Thor führt in einen mehr oder weniger geräumigen Hof, um welchen herum die Zimmer oder Zellen für die Gäste und zugleich auch die Ställe für die Thiere, Kameele, Maulthiere, Pferde und Esel, angelegt sind. Dicht am Thore befindet sich immer die Küche, möglichst sichtbar, um die Reisenden anzulocken [1]. Die Zimmer für die Reisenden sind in den besseren Karawanserais verhältnissmässig ziemlich reinlich, enthalten Tische, Stühle, alle aus Holz gefertigt, doch der dritte Theil des Raumes wird stets durch den K'ang eingenommen, eine gemauerte Erhebung etwa 2 Fuss über dem Boden mit Vorrichtungen zum Heizen im Winter. Hier wird das Bettzeug zum Schlafen ausgebreitet. In meinem Zimmer fand ich zwei Anschläge auf rothem Papier, natürlich in Chinesischen Lettern. Der eine benachrichtigte den Reisenden, dass er für das Zimmer für die Nacht 2 Tiao (etwa 10 Sgr.) zu zahlen habe, der andere, dass der Wirth für gestohlene Sachen nicht aufkomme. Diejenigen Reisenden, welche an das Übernachten in Chinesischen Wirthshäusern nicht gewöhnt sind, werden Anfangs manche schlaflose Nacht zubringen wegen des dumpfen Ge-

brüllens der Kameele, mehr aber noch wegen der Esels-Serenaden, welche in bestimmten Intervallen in grösster Nähe vielstimmig ausgeführt werden. Dazwischen tauschen wohl auch einige Dorfhunde ziemlich laut ihre Meinungsverschiedenheiten aus. Man muss den Schlaf eines Maulthiertreibers haben, um durch diese nächtlichen Stimmen nicht gestört zu werden.

Am 26. Mai vor Sonnenaufgang verliessen wir Yang fang. Das Dorf liegt in der Nähe eines Vorsprungs, den hier die Berge in die Ebene machen. Am äussersten Ende dieses Vorsprungs sieht man einen isolirten Haufen kolossaler schwärzlich gefärbter Granitblöcke, welche an allerlei Thier- und Menschengestalten erinnern. Dort findet sich eine alte Inschrift, dass im 12. Jahrhundert ein Kaiser der Kin-Dynastie diesen Ort besucht hat. Unser Weg führte an diesen Felsen vorbei und nahm dann eine west-nordwestliche Richtung, immer dem Gebirgsrande folgend, über sehr steinigen Boden. Wir zogen grösstentheils durch ein ausgetrocknetes Flussbett hin, dessen Wasser wie es scheint zu Kulturen abgeleitet wird und das sich nur zur Regenzeit füllt, wie viele der Flüsschen bei Peking. Das Dorf Ti rb shan blieb rechts. Von beiden Seiten convergiren die Berge mehr und mehr, bis sie endlich das Thal, durch welches wir nun aufwärts reisten, beengen. Zwei Stunden nach unserer Abreise aus Yang fang befanden wir uns in den Bergen und folgten ziemlich nach Westen bei geringer Steigung dem steinigen Flussbette. 1½ Stunde weiter gelangten wir zu dem hübsch gelegenen Dorfe Kao ni k'ou, welches den Zugang zu einem Engpasse schliesst. Von Norden her mündet hier ein Seitenthal aus, durch welches ein Saumpfad zur grossen Mauer führt. Hinter Kao ni k'ou wird das Thal, durch welches unser Weg geht, und welches Anfangs eine süd-südwestliche Richtung hat, eng und zu beiden Seiten erheben sich fast senkrechte Kalksteinfelsen, mit schönem Grün bekleidet. Das am meisten in die Augen fallende Gewächs, welches überall an den Felswänden spriesst, ist ein kleiner Strauch, mit weissen Blüthen, die aus der Ferne gesehen wie grosse Perlen auf dunkelgrünem Grunde erscheinen. Es ist diese Spiraea Dasyantha, welche überall in den Bergen häufig vorkommt, nicht selten zusammen mit Sp. triloba. Im Thale ist der Boden streckenweis ganz bedeckt von Vitex incisa, hier ein kleiner Strauch mit wohlriechenden (nach Artemisia riechenden) Blättern, doch in den höheren Regionen sind es Bäumchen, deren Stämme bis 1¼ Zoll im Durchmesser haben. Das Holz wird zur Fabrikation von Holzkohle gebraucht. Ein klarer, wasserreicher Bergstrom rieselt durch das Thal herab und wo sich das letztere etwas erweitert, begegnet man Kulturen, durch das abgeleitete Wasser berieselt, freundlichen Fermen, von Aprikosen-

---

[1] In den grossen Restaurants in der Residenz führt der Weg zu den Speisezimmern auch immer durch die Küche.

und Pfirsichgärten umgeben. Ausserdem sieht man stattliche Wallnussbäume (Juglans regia), und sie werden immer üppiger je höher man ansteigt. Unser Weg, wie das ja fast immer bei Gebirgspfaden der Fall ist, macht, indem er dem Thale aufwärts folgt, unzählige Biegungen, doch ist die Steigung gering. Erst kurz vordem man die Wasserscheide erreicht, geht der Weg ausserordentlich steil bergan und 2½ Stunden, nachdem wir Kao ai k'ou verlassen, langten wir oben an. Dieser Bergrücken, welcher von NW. nach SO. zieht und von den Chinesen Fo tse ling genannt wird, mag ungefähr 1500 Fuss über dem Meeresspiegel liegen. Oben auf dem Passe geht der Weg durch ein altes Bogenthor, wie es scheint der Überrest eines alten Klosters, und dann auf der anderen Seite sehr steil hinab zum Dorfe Sung shu, welches nach Beob. am Aneroid-Barom. 977 Fuss hoch ist. Hier wächst als Strauch, doch auch als Baum von 20 Fuss und mehr Höhe die mit 3 Zoll langen Dornen versehene Hemiptelea (Planera) Davidii, zur Familie der Ulmen gehörig. Auch Ulmus pumila sieht man häufig. Diess ist ein sehr wichtiger Baum für die Bergbewohner. Ferner bemerkte ich Koehlreutera paniculata, Ailanthus glandulosa, Salix babylonica, Populus-Arten, kultivirt auch schöne Wallnussbäume. Sehr häufig wächst hier eine wilde Rose, sie hatte jedoch schon abgeblüht. Periploca sepium findet sich an den Wegrändern und wird von den Chinesen zu Salat gesammelt. Die Blätter sind in der That ganz schmackhaft. Nach kurzer Rast in Sung shu, welches ein miserables Dorf ist, setzen wir unseren Weg in südwestlicher Richtung fort, einem Bergstrome folgend, welcher dem Hun ho zufliesst. Er macht unzählige Windungen, steile Felswände schliessen das enge Thal ein und der Weg durchsetzt den Fluss, welcher höchstens 1½ Fuss Wasser hatte, wiederholt. Thalabwärts gelangten wir zu dem etwas anschaulicheren Dorfe T'ien kia chuang und eine Stunde, nachdem wir Sung shu verlassen, sahen wir vor uns eine finstere enge Schlucht, durch welche ein schlüpfriger Steinstufenweg in mehreren Windungen führt. Nachdem sich unsere Führer durch laute Rufen überzeugt, dass am Ausgange keine Karawane eingetreten, betraten unsere Maulthiere die Schlucht, mehr hinabrutschend als gehend. Anderthalb Stunden weiter öffnete sich plötzlich unser Thal und wir sahen unter uns den Hun ho seine gelben Fluthen zwischen hohen Felsen dahinrollen. Gerade gegenüber auf dem rechten Flussufer erhebt sich wohl 1000 Fuss und mehr über dem Hun ho ein von den übrigen Bergen isolirter Bergkegel, mit einem Kloster hoch oben. Auf der linken Seite des Hun ho, welcher hier eine starke Biegung macht, lehnt sich dicht an die steile Felswand das grosse Dorf Hia ma ling. Ringsumher ist wilde Gebirgsgegend.

In der Ferne, im Südwesten, tritt der zweigipfelige Po hua shan halb verdeckt von anderen Bergen hervor. Hier, wo unser Weg von Norden her zum Hun ho gelangt, vereinigt er sich mit dem von Westen kommenden meist längs dem Hun ho aufwärts führenden Gebirgswege. Beide Wege vermitteln den Kohlen-Transport aus den weiter südwestlich gelegenen Steinkohlen-Minen nach Peking. Unser Weg führte uns weiter nach Westen über den Bergrücken Hia ma ling, welcher sich hier vorschiebt und den wir in 40 Minuten überschritten, so eine grosse Bucht des Hun ho abschneidend, dessen Ufer übrigens hier auch keinen Raum für einen Weg lassen. Darauf erreichten wir den Fluss wieder an einer Stelle, wo eine Führe über denselben führt, doch wir blieben noch auf dem linken Ufer, einem sehr beschwerlichen Steinstufenwege folgend, der bergauf, bergab geht. Man begegnet hier unzähligen Maulthier- und Esels-Karawanen, alle mit Steinkohlen befrachtet, mit der Destination nach Peking. Etwa 4 Worst von der ersten Führe gelangten wir zu einer zweiten, welche uns auf die rechte Seite des Flusses führte. Hier an dieser Stelle macht der Hun ho, nachdem er sich oberhalb in einem engen Thale in mehr südlicher Richtung Bahn durch das Gebirge gebrochen, plötzlich eine Wendung unter spitzem Winkel nach Nordosten, und von Südwesten her erhält er an dieser Stelle einen silberklaren Bergstrom als Zufluss, dessen Wasser einen merkwürdigen Kontrast bildet mit den getrübten, gelben Fluthen des Hun ho [1]. Dieser Bergstrom heisst Ts'ing shui (klares Wasser). Das Dorf, welches am Vereinigungspunkte liegt, heisst Ts'ing pei k'ou (d. h. nördliche Mündung des Ts'ing). Der Hun ho ist hier 6 Fuss und mehr tief und etwa 50 Schritt breit. Unsere Überfahrt wurde in zwei Abtheilungen bewerkstelligt. Das grosse Boot wird fortbewegt an einem starken aus Ulmenholzfasern gewundenen Taue, welches einen senkrecht auf dem Boote stehenden Cylinder aus Aprikosenholz in drehende Bewegung setzt. Dem Ts'ing shui - Thale folgten wir nun aufwärts in seinen unzähligen Windungen, eine ziemlich westliche Hauptrichtung einhaltend, immer über Gerölle, auf sehr miserablem Wege. Der Fluss muss ausserordentlich häufig durchwatet werden, weil die senkrechten Felsen vom Wasser bespült werden und kein Raum für den Weg existirt, ja man ist oft genöthigt, längere Strecken im Flusse selbst fortzureiten, welcher in der guten Jahreszeit nicht über 2 Fuss tief ist, jedoch bei jedem Regen anschwillt. Die Steigung von Ts'ing pei k'on bis Sang yü ist gering. Ich sah in diesem Thale einen weissen Storch (lao k uan im Chinesischen). Man erzählte mir, dass diese Thiere hier gar nicht selten seien. Auch von wilden Ziegen, welche in

[1] Hun ho bedeutet „trüber Fluss".

den Bergen vorkommen, sprachen meine Führer. Endlich erweiterte sich das enge Thal des Ts'ing shui, welchem wir bis jetzt gefolgt waren, ohne auf menschliche Wohnungen gestossen zu sein, und es wurden Kulturen sichtbar. Zuerst sahen wir das Dorf K ün hia chuang und weiter oben das grössere Dorf S a n g y ü (Maulbeerthal), wo wir schon bei eingetretener Dunkelheit anlangten und übernachteten. Von Ts'ing shui k'ou bis Sang yü sind 2 Stunden Weges.

Den 27. Mai. Sang yü, das Dorf, in welchem wir übernachtet und wo ich einen ganzen Tag zubrachte, ist ein grosses, wohlhabendes Dorf, zumeist aus katholischen Christen bestehend, und zwar hat sich hier das Christenthum aus dem vorigen Jahrhunderte ununterbrochen erhalten, trotzdem die katholischen Missionäre seit jenen Zeiten wiederholten Verfolgungen und Ausweisungen ausgesetzt gewesen. Seit einem Jahre breitet das Dorf eine schöne Kirche. Man ist erstaunt, in dieser Wildniss inmitten Chinesischer Häuser und Hütten eine stattliche Kirche in Europäischem Style zu erblicken. Täglich versammelt sich die christliche Gemeinde des Dorfes hier behufe des Gottesdienstes, welcher von Chinesischen Priestern administrirt wird. Mir war durch die gütige Fürsorge von Mgr. Delaplace eine Wohnung beim Vorstande des Dorfes zugerichtet worden. Sang yü liegt etwas nördlich von der Kohlen-Strasse ab, durch einen Hügel von derselben getrennt. Das Dorf lebt theils vom Kohlen-Transporte, theils vom Ackerbau. Weizen, Gerste, Hirse werden kultivirt. Man sieht dort auch Gartenkulturen. Schöne Wallnüsse, Aprikosen und Pfirsiche werden producirt. Der günstige Einfluss des Christenthums, oder wollen wir lieber sagen der Persönlichkeiten, welche von Peking aus diese christliche Gemeinde beeinflussen, auf die Bevölkerung lässt sich nicht verkennen. Sang yü hat nach meinen Beobachtungen (Aneroid) nur eine Erhebung von 860 Fuss über dem Meere, doch sind die benachbarten Berge wohl einige tausend Fuss höher. Der Po hoa shan erscheint hier im SW. als zweiköpfiger Riese, alle die übrigen Berge überragend.

Den 28. Mai. Früh morgens verliess ich Sang yü. Da nach Aussagen der Führer der bevorstehende Weg für Eseslkräfte bedenklich, so vertauschte ich meinen Esel gegen ein grosses starkes Maulthier. Das Ts'ing shui-Thal aufwärts reitend passirten wir mehrere kleinere Dörfer, die auf meiner Karte vermerkt sind und erreichten bei allmählicher Steigung in 1½ Stunden das grosse langgestreckte Dorf Ch'ai t'ang. Die Chinesen unterscheiden ein westliches und ein östliches Ch'ai t'ang. Beide zusammen sind einige Werst lang. Vor dem Dorfe bemerkt man auf den Bergen zu jeder Seite zwei alte Thürme, welche wohl in den früheren kriegerischen Zeiten als Wachtthürme godient haben, vielleicht waren es auch Vesten, denn sie beherrschen das

Thal unten. Prachtexemplare von Sophora japonica sieht man bei Ch'ai t'ang. Dieser Acacien-ähnliche Baum kommt sehr häufig auch in der Ebene vor, doch wächst er dort nie so üppig und frisch als hier. Ch'ai t'ang ist ein reiches Dorf und scheint ganz von der Steinkohlen-Gewinnung in den benachbarten Bergen und ihrem Transporte nach Peking zu leben. Näheres über diese Steinkohlen-Lager hat Baron Richthofen in seinen interessanten Reiseskizzen gegeben (Petermann's „Geograph. Mittheil." 1873, S. 138 f.). Es ist davon die Rede gewesen, Ch'ai t'ang mit Peking durch eine Eisenbahn zu verbinden. In solchem Falle wäre wohl der Weg, welchem ich gefolgt, obgleich der längste, doch der am wenigsten kostspielige. Eine Eisenbahn, welche dem Hun ho-Ufer folgte, wäre kaum ausführbar. Diese Eisenbahn-Projecte gingen immer von Europäern (Engländern) aus, sind jedoch stets von der Chinesischen Regierung mit dem schlagenden Argumente zurückgewiesen worden, dass man Maulthiere habe zum Kohlen-Transporte. Übrigens scheinen die Kohlen aus den Pekinger Bergen auch von schlechter Qualität zu sein. Zum wenigsten sieht Mr. Hart, Inspector der Chinesischen Zollwesens (insoweit es den Handel mit Europa betrifft), vor, die Steinkohlen, welche er zu einer von ihm eingeführten Gasbeleuchtung im Douanen-Gebäude in Peking bedarf, aus England kommen zu lassen.

Nachdem wir Ch'ai t'ang verlassen, setzten wir unseren Weg in westlicher Richtung in demselben Thale fort, den Fluss häufig überschreitend. Einige Werst von Ch'ai t'ang mündet von Süden her ein Thal ein und zwei kleine weisse Thürme stehen am Eingange. Man sagte mir, dass dieser Weg zum Dorfe Ta t'a'un führe, wo bedeutende Kohlenbergwerke sind. Ich glaube, diess sind die Kohlenlager, welche Baron Richthofen Ta tsao nennt und 88W. von Ch'ai t'ang 15 li angiebt[1]. Weiter nach Westen folgt das Dorf Kao wo p'a, wo der Po hoa shan, der für einige Zeit durch Vorberge verdeckt war, wieder sichtbar wurde. Seit Ch'ai t'ang ist unser Thal nicht mehr von steilen Felsen eingeschlossen, sondern die hohen Berge der Umgebung sind durch allmählich ansteigende Vorberge vom Thale getrennt. Wir begegneten langen Maulthier-Karavanen, belastet mit Birken- und Eichenholz aus den benachbarten Bergen. ¾ Stunden weiter mündet von Süden ein Thal ein. Der Weg führt nach dem grossen Dorfe Ta mo, bei welchem ein hoher Berg Ta mo shan ist. In weniger als 2 Stunden, nachdem wir Ch'ai t'ang verlassen, langten wir in das grossen langgestreckten Dorfe Ts'ing shui an, welches gleichfalls in ein westliches und ein östliches zerfällt. Hier machten wir Rast und ich stieg in einem für mich bereite-

---

[1] Man nannte mir den Ort Ta ts'un. Dieselben Leute bedeuten: grosses Dorf, doch hier in diesem Falle wird der Chinesische Name anders geschrieben.

ten Quartiere eines christlichen Hauses ab. Auch dieses Dorf besteht zum grossen Theil aus katholischen Christen. Von Norden her mündet hier ein Seitenthal ein, durch welches ein sehr beschwerlicher Bergpfad in nordwestlicher Richtung nach der Stadt Pao an chou führt. Baron Richthofen folgte diesem letzteren Wege. Ts'ing shui hat eine Höhe über der Meeresfläche von 951 Fuss (Aneroid-Barom.). Der Weg, welchem wir nun weiter folgten, wendet sich, immer im Flussthale liegend, Anfangs nach SW., dann nach Süden. Bisher war unsere Steigung nur eine geringe, doch jetzt wurde sie bedeutender und der Weg sehr beschwerlich. Der Höhe entsprechend verändert sich auch der Charakter der Vegetation. Die spontane Flora auf meinem Wege war bisher ziemlich monoton und armselig gewesen, — ganze Strecken des Thales waren von Vitex-Stauden bedeckt. Eben so sieht man ausserordentlich häufig den kleinen Strauch Indigofera Bungeana mit feinen Blättern und purpurvioletten Blüthen. Der Maulbeerbaum (verschiedene Varietäten von Morus alba) mit seinen so verschiedenartig geschlitzten Blättern gedeiht auch überall wild. An den steilen Felswänden sprosst Spiraea Dasyantha. Wallnussbäume, Aprikosen, Pfirsiche, Pappeln, Weiden, Ailanthus finden sich in der Nähe der Ansiedelungen. Doch jetzt traten neue Strauch- und Kräuterformen auf. Ein Seitenthal mündet von Westen her in unser Thal und man bemerkt in dem ersteren auf einer Entfernung von etwa 2½ Werst das grosse Dorf Tu kia ch uang. In südlicher Richtung fortschreitend passirten wir das Dorf Liang k'iao p'a, und eine halbe Stunde weiter das grosse Dorf Ta ho, welches in einer engen Schlucht liegt. Weiter oben wird das Thal enger. Der Po hua shan, den wir in weitem Kreise umgangen, steht jetzt ganz frei im Osten. Mit dem Fernrohre erkennt man, dass seine oberen Partien ganz von Wald bedeckt sind. Auch die Gipfel der übrigen benachbarten Berge sind mit Wald bedeckt und präsentiren sich in lieblichem Grün. Von Ta ho führt ein Weg durch ein enges Thal gerade zum Po hua shan hinauf. Doch wir verfolgten das Hauptthal, welches eine südliche Richtung einhält und am Fusse des Berges hinzieht. Es ist im Allgemeinen eng; wo es sich erweitert, ist das Land zu Kulturen verwendet. Schöne Fruchthaine beschatten die Ansiedelungen. Wohlgenährte Kühe, Schafe und Ziegen klettern an den Bergwänden umher und schwelgen in saftigen Alpenkräutern. Hier sammelte ich an wildwachsenden Pflanzen Juglans mandschorica, mit balsamartig riechenden Blättern, sehr verschieden von Juglans regia, verschiedene Corylus-Arten, eine Alnus, Caragana frutescens und Caragana microphylla, Berberis sinensis, Deutzia parviflora, Menispermum dauricum, Polygonatum sibiricum. Ferner giebt es wilde Aprikosen

und Pfirsiche, mit ungeniessbaren Früchten, in Menge. Auch Ailanthus und Koehlreutera kommen noch vor, während Juglans regia verschwindet [1]). Oberhalb Ta ho wird die Steigung bedeutender auf engen beschwerlichen Wegen. Ein wildes Gebirgsland umgiebt den Reisenden von allen Seiten. Beim Dorfe Huang an führt ein zweiter Weg zum Po hua shan hinauf, und einige Werst weiter aufwärts in unserem Thale, da wo ein kleines Kloster mit einer einsamen alten Fichte steht, führt ein dritter Weg hinauf. Alle diese Wege münden auf einem Plateau aus, bevor man den Gipfel des Po hua shan erreicht. Die Gegend hier soll sehr wildreich sein, was sehr verständlich, denn die Berge sind nirgends vegetationslos. Fasanen (Phasianus torquatus) hörte ich häufig locken und sah diese stattlichen Thiere auch bisweilen über unseren Weg laufen. Auch einem Dachse begegneten wir und konnten ihn in grösster Nähe beobachten. Er befand sich auf dem Rückzuge vor Leuten, die in entgegengesetzter Richtung kamen, der Weg war eng und von steilen Felsen begrenzt und da Meister Grimmbart auch in China wegen seiner Korpulenz nicht zu den Schnellläufern und Bergsteigern gehört, so musste er auf dem einzigen vorhandenen Pfade bleiben und ganz nahe an uns vorbeidefiliren. Drei Stunden, nachdem wir Ta ho verlassen und auf mühsamen Pfaden bergauf geklettert (ich zog es wegen der gefährlichen Passagen vor zu Fuss zu gehen), gelangten wir zum kleinen, nur aus einzelnen zerstreuten Häusern bestehenden Dorfe Ta tsio shan. In dem besten der Häuser liess ich mich nieder und zwar in einer improvisirten christlichen Kirche, denn hier ist die Gemeinde gleichfalls katholisch. Ta tsio shan liegt an demselben Flusse, dem wir den ganzen Tag aufwärts gefolgt. Er kommt vom Berge Ta tsio shan herab, welcher neben dem Po hua shan steht oder vielmehr einen seiner Gipfel bildet. Mein Aneroid-Barometer gab die Höhe des Dorfes auf 2100 Fuss an. Es herrschte hier eine angenehme gemässigte Bergluft. Die umliegenden Hügel und Vorberge der hohen Gebirgsketten, welche von allen Seiten aufsteigen, sind mit schönen Bäumen und Sträuchern bedeckt. Dazwischen bemerkt man Felder, auf welchen Mais, Hafer, Hirse (Setaria italica) gebaut werden. Weizen und Gerste gedeihen schlecht. Wallnussbäume sieht man hier nicht, doch begegnete ich häufig Juglans mandschorica, welche eben Früchte ansetzte. Ein schönes Exemplar dieses Baumes stand in der Nähe meiner Wohnung in Ta tsio shan. Von interessanten Pflanzen sah ich in der Nachbarschaft noch einige Juglandeen (Pterocarya?), doch ohne

[1]) Ich bemerke hier, dass fast alle die Pflanzen, die ich hier aufführe, von Dr. Hance, Englischem Konsul in Whampoa (bei Canton), ich brauche kaum hinzuzufügen, einem der ersten Botaniker unserer Zeit, bestimmt worden sind, nach von mir gesammelten Exemplaren.

5*

Blüthen oder Früchte, mehrere Corylus-Arten, Ostryopsis, Alnus, Syringa pubescens, Rhamnus arguta, Rhododendron micranthum (in Früchten), Anemone chinensis. Gegen Abend überraschte mich ein furchtbares Gewitter in meinen botanischen Spaziergängen und kühlte die Luft bedeutend ab. In meinem Zimmer sah ich das ausgestopfte Fell einer Wildkatze, das etwas grösser schien als das der Hauskatze, einen kürzeren Schwanz hatte als jene und ausserdem matte Flecken zeigte. Die Chinesen, welche dieses Thier ye mao (wilde Katze) nennen, erzählten mir, dass es sich vorzugsweise von Fasanen nährt.

Den 29. Mai. Um 5 Uhr morgens brachen wir auf, um die Besteigung des Po hua shan zu unternehmen. Der Gipfel liegt vom Dorfe Ta tsio shan im NO. und es führt von hier ein directer, doch sehr steiler Fusssteig hinauf. Doch wir wählten einen der Hauptwege, welche nach oben führen, und mussten deshalb auf dem Wege, den wir gekommen, zurück bis zum alten Kloster mit dem einsamen Fichtenbaume, welches Ma wang miao (Tempel des Gottes der Bäume) heisst. Hier stürzt ein reissender Bergstrom in kleinen Kaskaden vom Po hua shan herab und seinen Windungen folgt unser Weg bergauf. Man passirt zunächst das Dorf Huang t'an, dessen Strassen alle aus steilen, steinernen Treppen bestehen, auf welchen auch unsere Maulthiere klettern mussten. Weiter geht der Weg ausserordentlich steil und längs gähnenden Abgründen vorbei, bergan. Ich sah bald ein, dass das Reiten unter solchen Umständen nicht allein gefährlich, sondern auch höchst ermüdend ist, und zog es vor, den ganzen Weg bis oben zu Fuss zu machen. Von Ma wang miao braucht man volle 4 Stunden, um zum Gipfel zu gelangen. Die Chinesen rechnen diese Distance nur 15 li, etwas mehr als eine Deutsche Meile. Es ist rathsam, bei einer Expedition auf den Po hua shan die Thiere möglichst leicht zu bepacken, denn obgleich die Führer nichts gegen eine schwerere Bepackung einwanden, so stürzen auch die Thiere leicht und zerschlagen das ihnen anvertraute Gepäck. Es scheint, dass dieser Weg in alten Zeiten viel benützt worden ist, denn an manchen Stellen sieht man noch die Überreste einer alten steingepflasterten Strasse, die in vielen Windungen bergauf zieht. Das Thal, durch welches unsere Strasse führt, und in welchem bald neben uns, bald tief unter uns der Bergstrom tost, ist schön bewaldet. Hier wachsen mehrere Populus-Arten, wilde Aprikosen und Pfirsich-Bäume, Juglans mandschurica, hin und wieder auch Castanea vesca, weiter oben Eichen (eine neue Art. Chin. tsai su) und Corylus-Arten. Endlich langten wir auf einem Plateau an, welches mehr als eine Quadrat-Werst einzunehmen scheint, und hinter welchem sich die gigantischen Felszacken des Po hua shan-Gipfels erheben,

dessen Kuppe hier als steile unzugängliche Felswand 2- bis 3000 Fuss zum Plateau abfällt. Längere Zeit ritten wir nun auf ebenem Wege fort. Auf dem genannten Plateau befinden sich einige Fermen, man sieht grosse Schafheerden, welche sich von dem üppigen Grase nähren. Hier wird unsere Kartoffel kultivirt und gedeiht vortrefflich. Auch Hafer (Avena nuda, der sogenannte kahle Hafer) wird gebaut. Bald standen wir am Fusse jener fürchterlichen Felsen, doch der Weg führt um sie herum auf der nördlichen Seite, denn die Besteigung des Gipfels muss von der Ostseite bewerkstelligt werden. Der Weg ist ausserordentlich steil und führt an fürchterlichen Abgründen vorbei. In den höheren Regionen entfaltete sich vor meinen Blicken eine herrliche Frühlings-Flora. Die steilen Felswände waren fast vollständig verdeckt durch die purpurrothen, grossen Blüthen des prachtvollen Rhododendron dauricum und rings umher verbreitete die schöne Syringa pubescens, welche eben in voller Blüthe stand und dichte Gebüsche bildete, angenehme Wohlgerüche. Daneben blühte die kleine Prunus humilis, kaum einen Fuss hoch, mit grossen weissen Blüthen. Ferner sammelte ich hier Convallaria majalis, die wohlbekannte Maiblume unserer Wälder, und Polygonatum officinale. — Noch höher hinauf, schon nahe dem Gipfel, beginnen die Birken den Hauptantheil an der Waldbildung zu nehmen. Sie bekamen eben erst Blätter; der Boden unter ihnen zeigte die Spuren des eben erst geschmolzenen Schnee's und die ersten Frühlingstriebe unzähliger Kräuter begannen sich zu zeigen, noch verdeckt durch das vorjährige halbvermoderte Gras. Nur wenige Kräuter waren schon in Blüthe. So bildete eine schöne purpurrothe Primula an einzelnen Stellen einen zusammenhängenden Teppich. Dr. Hance hat sie als neu beschrieben und Primula ovoceharis getauft. Neben ihr blüht versteckt nach Veilchenart die gelbe Viola biflora, neu für die Pekinger Flora. Bekanntlich kommt diese Pflanze auf den meisten Mitteleuropäischen Gebirgen vor. Als wir uns dem Gipfel des Po hua shan näherten, begannen die Maulthier-Treiber ihren Thieren sorgfältig die Mäuler zu verbinden. Als ich nach der Ursache dieses Verfahrens forschte, zeigte man mir die eben sich entfaltenden breiten Blätter einer monocotyledonischen Pflanze, von deren Genuss die Thiere sterben sollen. Ich ersah aus den hohen vorjährigen dieser Pflanze angehörigen Schäften mit Frucht-Rudimenten, dass es sich um eine Art Veratrum handle. Man versicherte mir jedoch, dass nur die ganz jungen Pflanzen giftig seien, nicht die bereits entwickelten Blätter oder Blüthen. Nachdem wir die Gipfelkuppe des Po hua shan umgangen, mussten wir noch eine gute Strecke Weges in Ziksacken an der östlichen Felswand steigen, bis wir zum kleinen Plateau gelangten, welches den Gipfel einnimmt. Das Wetter war heiter, als wir oben anlangten, doch heulte ein fürchterlicher Sturm und mein Thermometer zeigte um 1 Uhr Nachmittags + 3° R. Nach Erreichung des Gipfels war es meine erste Sorge, mich im dortigen Kloster zu installiren. Aus dem leicht herbeizuschaffenden Brennmateriale wurde bald ein wohlthätiges Feuer hergestellt und dann mussten die mitgebrachten preservirten kulinarischen Schätze herhalten. Auch eine Kiste mit Hamburger Bier befand sich unter den Vorräthen und die entkorkten Flaschen schäumten vortrefflich, trots den auf der langen Reise ausgestandenen Unbillen, Temperatur- und Luftdruck-Differenzen.

Das Plateau oben auf dem Po hua shan ist von N. nach S. 800 Schritt lang und von O. nach W. 200 Schritt breit. Im SW. trägt es einen etwa 200 Fuss hohen Felsenhügel. Es fällt fast nach allen Seiten in steilen Felswänden ab. Im Norden wird es durch eine tiefe Kluft von dem benachbarten Yao tse shan getrennt. Dieser Berg ist etwas niedriger als der Po hua shan. Sein Gipfel besteht aus senkrechten Felsen und er fällt als vielzackiger Kamm nach Südwesten hin zum Thale des Ts'ing shui ab. Nach Süden hat ist der Po hua shan durch einen schmalen Grat, der jedoch erst tiefer unten beginnt, mit dem Berge Ta tsio shan, ungefähr eben so hoch als der Po hua shan, verbunden und aus der Ferne gesehen erscheint der Ta tsio shan als der zweite Gipfel des Po hua shan. Ein ähnlicher verbindender Bergrücken läuft auch im NO., doch ebenfalls erst tiefer unten entspringend, vom Po hua shan aus und scheint sich an die hohe Bergkette am rechten Hun ho-Ufer anzuschliessen. Mit Ausnahme der genannten Verbindungen ist der Po hua shan von allen Seiten durch tief einschneidende Thäler begrenzt und von den übrigen Gebirgsmassen getrennt. Meine mit einem gutgeprüften Thermometer vorgenommenen Versuche, Wasser zu kochen, ergaben nach Dr. Fritsche's Berechnung eine absolute Höhe des Po hua shan-Klosters von 7330 Fuss, so dass man den höchsten Gipfel auf 7500 Fuss schätzen kann. Mein Aneroid-Barometer konnte ich zum Vergleichen nicht benützen, da es nur bis 5000 Fuss zeigt, und folglich oben ausser Wirkung war. Wie ich erwähnte, liegt das Dorf Ta tsio shan 2093 Fuss hoch, das Dorf Shi kia ying auf der anderen östlichen Seite ist 2953 Fuss hoch. Diese Zahlen zeigen das steile Abfallen des Berges nach Osten und Westen. Ausser den wenigen Saumpfaden, welche hinaufführen, und auch diese vereinigen sich weit vor dem Gipfel alle zu einem Pfade, giebt es auf dem Po hua shan noch einige von den Holzhauern angelegte Fussstege durch den Wald. Es ist wegen der steilen Abhänge überall kaum möglich, sich auch nur einige Schritte vom Wege zu entfernen. — In der Mitte des Gipfelplateau's befinden sich zerstreut eine

Anzahl Gebäude, grösstentheils in Ruinen. Das sind Überreste des alten Klosters Hien kuang sse, welches hier früher existirte. Man sieht noch ein altes Marmorthor und Trümmer von anderen Marmorbauten, Sculpturen, Denkmäler etc. Inmitten dieser Ruinen erhebt sich ein ganz neuer schöner Götzentempel, welcher erst vor einigen Jahren auf Kosten eines frommen Eunuchen des kaiserlichen Hofes erbaut worden. Darin findet sich an Götzenbildern eine vergoldete Pusa oder vielarmige Göttin der Wohlthätigkeit in einer Lotosblume sitzend. Um sie herum an den Wänden sieht man die colossalen Gestalten der 18 Hauptgötter (Lo han) meisterhaft aus Lehm geformt und angemalt. Vor der Thüre dieses Tempels stehen einige schöne Lärchenbäume (Larix daurica). Eine Menge kleiner Tempel liegen zerstreut auf dem Plateau umher, einige bereits ohne Dächer, einige noch gut erhaltene stehen eine Strecke tiefer unten am Wege.

Das Kloster auf dem Po hua shan wird schon seit zwölf Jahren von einem gegenwärtig etwa 60jährigen Eremiten bewohnt. Für 9 Monate des Jahres ist er der einzige Bewohner desselben, nur für den Sommer siedeln sich die zum Kloster gehörigen Mönche oben an. Sie ziehen es vor, den Rest des Jahres in Ch'ai t'ang zuzubringen. Genannter Eremit hat seit jenen zwölf Jahren den Po hua shan nie verlassen und für mehrere Monate im Winter, wo ungeheuere Schneemassen die Gebirge und Gebirgspfade bedecken, ist er vollständig abgeschnitten von jedem Verkehr. Er hat nicht einmal einen Hund bei sich, denn zu Vorsichtsmaassregeln gegen Diebe liegt wohl kein Grund vor. Dieser Mann hat sich vollständig abracirt. Nur der Mammon vermag ihn noch aus seiner Apathie zu erwecken. Im Sommer wird der Po hua shan häufig von Chinesen, reichen und armen, besucht. Am 18. des 5. Monats (Anfangs Juli) ist hier ein grosser Festtag, die sogenannte Eröffnung des Tempels (k'ai miao). Jedes Kloster hat an einem bestimmten Tage im Frühjahre einen solchen Festtag und dann strömt das Volk von allen Seiten hin. Gewöhnlich ist damit auch ein Jahrmarkt verbunden (doch nicht auf dem Po hua shan). Im Juli soll die Vegetation auf dem Berge in vollem Vigor sein und überall blühen die schönsten Blumen in grosser Mannigfaltigkeit. Einige meiner Pekinger Freunde, welche, nachdem ich zuerst den Po hua shan besucht, im August eine Expedition dorthin unternahmen, waren entzückt von den herrlichen Blumen und dem üppigen Pflanzenwachse, den sie oben fanden. Ich hatte meine Reise für botanische Zwecke zu früh gemacht, denn ich fand nur die erste Frühlings-Flora, nach dem Verschwinden des Schnee's. Viele der Bäume und Sträucher waren noch ohne Blätter.

Ich schlug mein Quartier Anfangs in dem neuen Tempel

auf, inmitten der heidnischen Götterwelt, doch ich konnte nur die erste Nacht dort zubringen. Nachdem am Abende sich etwas Schneeflocken in der Luft gezeigt, heulte die ganze Nacht hindurch ein fürchterlicher Sturm und die Temperatur sank bis auf + 4° R. Diese Erfahrung veranlasste mich am nächsten Tage, diesen luftigen Tempel zu verlassen und zum Eremiten überzusiedeln, welcher sich in einem der anderen Gebäude ein warmes Plätzchen geschaffen, das auch meine Diener benutzten. Es war dort recht schmutzig, doch warm. Das Wetter war während meines dreitägigen Aufenthaltes auf dem Po hua shan sehr veränderlich. Die Temperatur schwankte zwischen + 4 und 14. Nur ein Tag war vollständig windstill und heiter. An den beiden anderen Tagen war heftiger Sturm, welcher oft Regenschauer, ja selbst etwas Schnee brachte. Es giebt kein Trinkwasser auf dem Gipfel. Der alte Eremit schaffte solches jeden Tag aus einer Entfernung von 3 Werst tiefer unten herbei. Heizmaterial ist im Überfluss vorhanden und wir brauchten dazu gewöhnlich Birkenholz.

An heiteren Tagen ist die Aussicht, welche man vom Gipfel des Po hua shan geniesst, eine überaus grossartige. Man befindet sich inmitten eines wilden, zerklüfteten Gebirglandes, zunächst rings herum tief einschneidende Thäler mit ihren Dorfschaften. Im Osten hat man zu Füssen einen weiten Thalkessel mit einigen grossen Dörfern. Man kann das enge Thal in seinem Verlaufe nach Osten verfolgen, wo es endlich in die Ebene ausmündet. Die Pekinger Ebene erscheint weit in der Ferne, hinter dem vorliegenden Gebirgsketten in gelbgrünlicher Färbung, doch erlaubt die heisse Luft, welche über derselben schwebt und zu vibriren scheint, keine deutliche Unterscheidung der Gegend. Peking muss unter günstigen Verhältnissen sichtbar sein, denn ich habe den Po hua shan deutlich gesehen von der Pekinger Mauer. Den Lauf des Hun ho in der Ebene erkennt man durch die gelben Sand-Ufer, welche diesen Fluss begleiten. Nach Norden, Westen und Südwesten sieht man überall Gebirge. Das linke Ufer des Flusses, welcher auf der westlichen Seite einen Halbkreis um den Po hua shan beschreibt, ist gleichfalls von hohen Bergen begrenzt. Im NW. jenseit des Flusses bemerkte ich sogar einen Gipfel, der noch mit Schnee bedeckt war. Mein Freund Dr. O. v. Moellendorff, attachirt bei der Deutschen Gesandtschaft in Peking, unternahm im September 1874 eine Reise in jene Berggegenden und besuchte auch diesen eben erwähnten Gipfel. Herr v. Moellendorff, welchem ich manche werthvolle Informationen für meine Karte verdanke, war so freundlich mir mitzutheilen, dass er Hua ts'ao shan (Blumen- und Kräuter-Berg) heisse. Über ihn führt die grosse Mauer hinweg und ein Bergpfad von Ts'ing shui nach Pao an chou (über Ma hung yü und die Stadt Fan

shan p'u), welchem Moellendorff gefolgt. Baron Richthofen hat gleichfalls die Reise von Ts'ing shui nach Pao an chou gemacht, doch wie es scheint, einen anderen Weg gewählt. Es giebt sehr viele Saumpfade, welche über diese Berge führen zum weiten Thale des Sang kan ho. Man sieht dieses Thal gleichfalls vom Po hua shan aus und eben so die Ebene, in welcher die anderen den Hun ho zusammensetzenden Flüsse fliessen, und dahinter im fernen Nebel zeichnet sich am Horizonte die Bergkette, durch welche man zum Plateau der Mongolei aufsteigt. — Im Westen bemerkt man vom Po hua shan aus in der Ferne eine Gebirgsmasse, welche sich hoch über die anderen Berge erhebt, und auf welcher Ende Mai noch grosse Schneemassen lagerten. Die Chinesen nennen diese Berge Siao wu t'ai shan (den kleinen Wu t'ai chan). Wu t'ai shan ist der Name eines berühmten an Klöstern reichen Berges in der Provinz Shansi, etwa 100 Werst weiter nach SW. Man rechnet vom Ts'ing shui-Thale zwei Tagereisen bis zum kleinen Wu t'ai shan. Er wird auch in den chinesischen Werken erwähnt, als ein Berg (oder Gebirge) mit herrlicher Flora im Sommer. Ich habe diesen Berg auf meiner Karte als Schnee-Gebirge angegeben. Ich schätzte ihn auf wenigstens 12,000 Fuss. Doch Herr v. Moellendorff, welcher ihn im September aus der Ferne gesehen, theilte mir mit, dass zu der Zeit kein Schnee auf ihm zu sehen war. Ich kenne die Berge im Westen und Nordwesten vom Po hua shan nicht aus eigener Lokal-Anschauung. Ich habe sie auf meiner Karte so gezeichnet, wie sie mir aus der Ferne erschienen und dabei auch die Angaben der Chinesen verwerthet. Nach der Chinesischen Karte und den Karten der Missionäre ist die Richtung der grossen Mauer von der Stelle, wo dieselbe den Hun ho kreuzt, eine südliche, doch das scheint mit der Wirklichkeit nicht zu stimmen und ich sah mich genöthigt, sie auf meiner Karte weiter nach Westen zu setzen und ihr eine südwestliche Richtung anzuweisen. Astronomische Bestimmungen sind in diesen Gegenden nie gemacht worden und mir scheint, dass der Verlauf der Mauer auf den Karten ziemlich willkürlich gezeichnet worden ist.

Wie bereits erwähnt, sind die oberen Partien des Po hua shan ganz von Wald bedeckt, und alle höheren Berge in der Nachbarschaft scheinen Wald zu tragen. Man hat sich jedoch keinen grossartigen Wald aus hohen Bäumen bestehend vorzustellen, denn höhere Bäume (Larix) kommen nur vereinzelt vor, meist ragt der Wald nicht mehr als 30 Fuss empor, was wohl dadurch zu erklären wäre, dass viel Nutz- und Brennholz von hier ausgeführt wird und man die Bäume nicht hoch wachsen lässt. Unter den Bäumen nimmt die Birke den ersten Platz ein, und zwar bewohnt sie den obersten Theil des Berges mit dem rauhesten Klima zwischen 6 - und 7000 Fuss beginnend. Das Vor-

handensein von Birkenwäldern in den westlich von Peking
gelegenen Bergen war mir schon lange bekannt; Birkenhols
ist käuflich in Peking zu haben (es heisst hua mu auf
Chinesisch). Die Eingeborenen unterscheiden 3 Arten von
Birken, von denen die eine eine sehr weisse und dicke
Rinde, die zweite eine geblich weisse däune, die dritte eine
graubraun gefärbte stets in Fetzen herabhängende Rinde
hat. Das Hols der Birke hat viele Nutzanwendungen,
u. A. dient es zur Bereitung von Chinesischer Tusche.
Dr. Hance, welchem ich blühende Zweige dieser 3 Arten
schickte, verweigerte die definitive Bestimmung, ohne die
Früchte gesehen zu haben, doch glaubt er, dass es Betula
alba, B. Ermanni und B. daurica seien. — Häufig
kommen auch zwei Salix-Arten vor, von denen die eine
Salix filicifolia, Lin., die andere wahrscheinlich Salix sachalinensis, F. Schmidt. Beide sind neu für
die Pekinger Flora. Ferner fand ich eben eine neue Pirus-
Art, Pirus pohua shanensis, Hance (zur Abtheilung
Sorbus mit gefiederten Blättern gehörig), und eben so eine
neue Esche Fraxinus rhynchophylla, Hance. Beide
hatten Blüthen und von den ersteren fand ich auch vorjährige Früchte, welche kleiner zu sein scheinen als die
Beeren der gemeinen Eberesche. Zerstreut kommen auch
hochstämmige Exemplare von Larix daurica vor, gleichfalls neu für die Pekinger Flora. Die Lärche soll in den
Bergen der Provinz Shansi (im Westen) sehr häufig verkom-
men. Sie ist unter dem Chinesischen Namen lo ye sung
(Fichte, welche ihre Blätter abwirft) bekannt. Das Unter-
holz bilden verschiedene interessante Sträucher, unter welchen ich eine neue Buckleya, B. sinensis, Hance, erwähnen will. Es ist ein sonderbarer Strauch mit langen
schmalen Blättern, nach Hance die interessanteste unter den
von mir gefundenen neuen Pflanzen. Sehr häufig wachsen
überall mehrere Cerylus-Arten, namentlich Corylus
rostrata, var., mandschurica, Rgl., welche über den
ganzen Po hua shan vom Gipfel bis zum Fusse (etwa 2000
Fuss) verbreitet ist und oben Ende Mai in Blüthe stand.
Die Nüsse werden viel nach Peking geführt. Die Eingeborenen unterscheiden mehrere Arten von Haselnüssen. —
Rhododendron dauricum wächst überall häufig auf
dem Gipfel, wo der schöne Strauch eben in voller Blüthe
stand. Dort fand ich auch zwei Ribes-Arten, R. nig-
rum und R. macrocalyx, Hance, die letztere mit scharfen Stacheln versehen, neu. Von kleineren Pflanzen sammelte
ich auf und in der Nähe des Po hua shan-Gipfels in Blüthe:
Iris ruthenica, die bereits erwähnte neue Primula
oreocharis, Viola biflora, das eben erwähnte Veratrum (sehr häufig), eben so Allium victorialis, Convallaria majalis, Artemisia sacrorum, Hiero-
chloë daurica, Gentiana squarrosa (ein ganz kleines

Pflänschen). Euphorbia Esula, verschiedene Raeun-
culaceen (doch nur Blätter). — Etwas weiter abwärts,
namentlich am östlichen Abhange (etwa 5000 Fuss hoch),
besteht der Wald grösstentheils aus Eichen, Ahorn
(Acer Mono?), Pyrus baccata. Was die Eichen anlangt,
so fand ich sie auch am südwestlichen Abhange auf dem
Wege nach Ta tsio shan. Sie waren in Blüthe und grösstentheils mit grossen Galläpfeln bedeckt. Dr. Hance hält
diese Eiche für eine neue Art, will sich doch, ehe er die
Früchte gesehen, nicht für eine Diagnose entscheiden. An
Sträuchern sah ich in derselben Höhe Corylus, Rhamnus arguta (ich sammelte die männliche, bisher unbe-
kannte Pflanze), Prunus humilis, Euvonymus Thun-
bergianus, Prunus Padus, Deutzia grandiflora.
Dort fand ich auch eine Rhabarber-Art mit grossen
oval-herzförmigen, wellenförmigen Blättern und starken Wurzeln mit entschiedenem Rhabarber-Geschmack und -Geruch.
Die Eingeborenen sagten mir noch, dass diese eine Art t'ai
huang oder Rhabarber sei. Clematis macropetala
mit grossen blauen Blüthen sieht man häufig sich um die
Sträucher schlingen. Duchesnea fragraroides, eine
Erdbeere mit gelben Blüthen und insipiden Früchten, gehört
gleichfalls nicht zu den seltenen Pflanzen des Po hua shan
und anderer Berge bei Peking.

Nach den Aussagen der Eingeborenen giebt es in den
Wäldern des Po hua shan und der benachbarten Berge viel
Wild, namentlich schwarze Bären (Heliarctes thibe-
tanus), Panther, Wildkatzen, Dachse, Füchse, die Losun-
gen der beiden letzten sieht man am häufigsten auf den
Fusspfaden. Ferner sprechen sie von wilden Ziegen (wahrscheinlich Antilope crispa). Auch das Moschus-
thier kommt vor, wenn auch selten. An Vögeln giebt es
viel Fasanen (Phasianus torquatus) — man hört ihr
Gackern überall und sieht sie häufig über die Höfe des
Klosters laufen. Ferner findet man dort den schönen Vogel,
welchen Père David vor einigen Jahren unter dem Namen
Heki (Crossoptilon) bekannt gemacht hat. Auch eine
Art grosser Feldhühner trieb ich wiederholt aus den Felsen
auf. Näheres über die Fauna in einem besonderen Abschnitte. In Chinesischen Werken finde ich, dass in den
Wäldern des Po hua shan sich eine 7 Zell lange, sehr gif-
tige Schlange aufhalten soll, was auch die Eingeborenen
bestätigen. Ich erfuhr ferner, dass in den weiter nach
Westen gelegenen Bergen das unter dem Namen Chinesisches weisses Insectenwachs (pe la) auch in Europa bekannte und sehr geschätzte Produkt erzeugt werde,
und ich erhielt auch später auf meine Bestellung einige
Specimina eines Strauches oder kleinen Baumes von dort,
dessen Zweige vollständig mit weissem Wachse bedeckt
waren und ausserdem die Hüllen der das Wachs erzeugen-

den Insektes (Coccus pela) trugen. Bisher war das Vor-
kommen dieses Insektes so hoch im Norden nicht bekannt.
Baron Richthofen in seinen Reisebriefen (s. Petermann's
„Geogr. Mittheil." 1873, S. 295) erwähnt Kia ting fu (in
der Provinz Ssech'uan) als den Ort, wo das beste weisse
Wachs producirt wird. Der Strauch, auf welchem das Wachs-
Insekt in den westlichen Pukinger Bergen lebt (leider haben
meine Exemplare nur Blätter), könnte nach Dr. Hance
Fraxinus sein.

Den 1. Juni. Nachdem ich drei Tage auf dem Gipfel
des Po hua shan zugebracht, trat ich am vierten meinen
Rückweg nach Peking an und wählte dieses Mal den südlichen Weg, welcher sich für den Rückweg wohl eignet,
jedoch für die Besteigung des Po hua shan nicht zu empfehlen ist, denn der Weg führt beinahe 4000 Fuss an der
östlichen steilen Felswand hinab und ist an einzelnen Stellen so steil, dass man Mühe hat, in aufrechter Stellung hin-
unterzugehen, und auch die Maulthiere rutschen in solchen
Fällen mit weit vorgestreckten Vorderfüssen abwärts. Diese
Felswand ist, wie ich bereits erwähnte, bewaldet, namentlich sieht man Eichen, Ahorn, Pappeln, Pyrus baccata,
Corylus. Nach 1½ Stunden raschen Marsches gelangt man
an einen Bergstrom, welcher von der nordöstlichen Ecke
des Po hua shan herunterstürzt, und seinem Laufe folgten
wir fortan auf unserer Reise zur Ebene. Die Ufer dieses
Anfangs schmalen Bächleins sind mit dichtem Gebüsche
bedeckt, namentlich begegnet man Syringa pubescens,
Abelia Davidii, Hce., Lonicera chrysantha,
Prunus humilis, Deutzia parviflora, Rubus
crataegifolius (damals in Blüthe, die Früchte sollen
sehr wohlschmeckend sein und unseren Himbeeren gleichen).
Auch Juglans mandschurica wächst hier. Von kleineren Pflanzen sammelte ich Urtica dioica var. an-
gustifolia, Aquileja vulgaris und Aq. atropur-
purea, Eritrichium pedunculare, Viola acu-
minata, einige Farnkräuter (die mir leider verdarben).
Eine Stunde weiter kommt man zu einer Steinkohlen-Mine
am Wege. Bald darauf erscheint das kleine Dorf Ts'ao
ya far, bei welchem sich ein schönes Eschenwäldchen
befindet. Es ist die Fraxinus Ornus, var. Bungeana,
grosse bis 60 Fuss hohe Bäume mit grossen Blättern. Die
Früchte hatten eben angesetzt. Unweit davon sieht man
auf einem Hügel einen alten Tempel mit einem schönen
Fichtenbaume (Pinus Massoniana). Diese Fichten, so häufig
in der Ebene, sieht man in den Bergen nur vereinzelt.
Eben so wenig habe ich dort Juniperus, Thuja, getroffen.
Überhaupt besteht der Wald, den ich auf meiner Reise in
den Bergen gesehen, mit Ausnahme von Larix, ausschliesslich aus Laubhölz. Bei dem eben erwähnten Dorfe sieht
man auch ganze Haine von Xanthoxylon Bungei,

dem Chinesischen Pfefferbaume, dessen kleine röthliche, wohl-
riechende Früchte die Chinesen als Pfeffer gebrauchen. Der
Baum wird bis 30 Fuss hoch (in der Ebene hatte ich ihn
immer nur als Strauch gesehen), und die Äste sind mit
scharfen Stacheln bewehrt. Immer dem brausenden Bergstrome folgend, gelangten wir eine Werst unterhalb zu einer
Thal-Erweiterung, in welcher das grosse Dorf Shi kia
ying gelegen, 2953 Fuss über dem Meere. Der Ort ist
sehr pittoresk von allen Seiten von hohen Bergen eingeschlossen. Im Westen starren die kühnen Felszacken des
Po hua shan hoch oben über der steilen Felswand, an welcher wir uns herabgelassen. Unterhalb Shi kia ying ist
das Flussbett ganz trocken. Man hat ihm alles Wasser zu
Kulturen genommen. Wir setzten unsere Reise durch das
enge von fast senkrechten Kalksteinfelsen begleitete Thal
auf sehr schlechtem Wege nach Osten fort, meist über Gerölle, häufig aber auch über glatte, schwer zu passirende
Felsen. Die Windungen sind sehr zahlreich, doch ist die
Senkung ziemlich allmählich. Thalabwärts sieht man für eine
lange Strecke keine Ansiedelungen, wir begegneten auch
weder Menschen noch Karawanen. Etwa eine halbe Stunde
unterhalb Shi kia ying bemerkt man links eine grosse Höhle
hoch oben im Kalksteinfelsen. Solche Höhlen sollen in
dieser Gegend häufig vorkommen. Die Felsen sind hier
nirgends kahl, sondern erscheinen in angenehmen Grün.
Spiraea Dasyantha wuchert auch hier überall an den
unzugänglichsten Stellen der Felswände. Im Thale wachsen
wild Xanthoxylon Bungei, Aprikosenbäume, Vitex
incisa. Auf ganz nacktem Felsen sitzt man bisweilen
rosafarbene Büschel. Das ist Oreistrophe rupifraga.
Eine Stunde thalabwärts von der Höhle mussten wir auf
steilem Wege über grosse Felsenstücke durch eine enge
Schlucht, durch welche der einzige Weg führt. Hier muss
der Fluss, wenn es ihm nicht an Wasser fehlt, in schönen
Kaskaden hinunterstürzen. In der Nähe befindet sich eine
Quelle mit schlechtem Trinkwasser. Eine Stunde weiter
erreichten wir endlich das Dorf Leng shui, wo wir,
nachdem wir Shi kia ying verlassen, wieder die ersten
menschlichen Wohnungen sahen. In einem kleinen miserablen Gasthofe machten wir für einige Stunden Rast. Der
Ort ist 1262 Fuss über dem Meere. Darauf setzten wir
unseren Weg mehrere Stunden lang durch das vielfach sich
windende trockene Flussbett fort, immer in einem engen
Thale, ohne menschliche Wohnungen, reisend, zu beiden
Seiten fast senkrechte Kalksteinfelsen. Rechts am Wege
sieht man ein kleines verlassenes buddhistisches Bethaus
in einsamer Wildniss. Eine Werst weiter unten stiessen wir
plötzlich auf einen wasserreichen Fluss, welcher von Süden her
aus den Bergen hervorbricht und von welchem das trockene
Flussbett, welchem wir bis jetzt gefolgt, einen Nebenfluss

vorstellt. Der erstere Fluss, welcher Anfangs nach Norden fliesst, darauf mehrere grosse Krümmungen macht und endlich in südöstlicher Richtung der Ebene zufliesst, ist der Liu li ho der Chinesischen Karten, doch ist er unter diesem Namen erst weiter unterhalb bekannt. Auf unserer weiteren Reise mussten wir ihn häufig durchsetzen. Nachdem wir der grossen Krümmung, welche der Fluss zunächst nach Norden macht, ungefähr 1½ Stunden gefolgt, gelangten wir endlich zum grossen Dorfe Ch'ang ts'ao, welches sehr malerisch in einer Thalenge liegt, diese fast sperrend. Kühne Felszacken steigen darüber auf. In der Umgebung sah ich schöne Fruchtgärten, Wallnussbäume, Pfirsiche, Aprikosen, Dyospirus Kaki, Ailanthus glandulosa. In der Mitte des Dorfes befindet sich ein Prachtexemplar von Catalpa Bungeana, ein alter hoher Baum, welcher ganz von grossen purpurrothen Blüthen bedeckt war. Ch'ang ts'ao ist 813 Fuss über dem Meere. Da der sogenannte Gasthof im Dorfe laut Bericht meiner Leute sehr viel Ungeziefer jeglicher Art beherbergte, so zog ich es vor, in einem Pferdestalle zu übernachten.

Den 2. Juni. Um 5 Uhr Morgens brachen wir wieder auf. Anfangs erweitert sich das Thal etwas und der Weg geht zwischen Gärten, Wiesen und Kulturen, dann verengt es sich wieder und nimmt den früheren Charakter an. Die Richtung ist, abgesehen von den vielen Biegungen, eine östliche. Etwa 4 Werst unterhalb Ch'ang ts'ao liegt ein kleines Dorf Hung mei ch'ang, welches Baron Richthofen in seinen Reisebriefen erwähnt. Er kam von Fang shan hien und reiste den Liu li ho aufwärts bis zu dem genannten Dorfe, um dann durch eins seiner Seitenthäler aufwärts zu steigen zum Miao an ling-Passe (nach seiner Angabe 4500 Fuss) und von da abwärts nach Ch'ai t'ang. 40 li (20 Werst) von Hung mei ch'ang gelangte Richthofen auf diesem Wege zum Dorfe T'ai an chan (mir nannte man ein Dorf Ta ho shan auf dieser Route nach Ch'ai t'ang, und einen solchen Namen finde ich auch an der entsprechenden Stelle auf der Chinesischen Specialkarte dieser Gegenden), wo der beste Anthracit gegraben wird. Die Kohlen werden auf steilen Wegen 45 li abwärts gebracht nach Hung mei ch'ang, welches noch 125 li von Peking entfernt ist (vergl. Peterm. „Geogr. Mitth." a. a. O.). Nachdem unser Weg bisher sehr schlecht und steinig gewesen, begann hier guter Weg. Er geht über ziemlich glatten Boden längs dem linken Flussufer fort, allmählich abfallend. Das Thal wurde jetzt auch belebter. Wir begegneten einer Kameel-Karawane, welche leer aus Peking zurückkamen, wohin sie Kohlen aus Hung mei ch'ang und Schiefersteine, welche hier in der Nähe gewonnen werden, bringen. Die Schiefersteine, welche zum Dachdecken benutzt werden, kommen hauptsächlich aus der Umgegend von Fo t'ou tuun, einem kleinen hübschen Dorfe, ¾ Stunden thalabwärts von Hung mei ch'ang; 1½ Werst weiter gelangt man durch ein anderes Dorf, Hei lung kuan, welches gleichfalls sehr pittoresk gelegen und von alten Bäumen beschattet wird. Nahe dabei steht am Wege das schöne Kloster Lung t'an und schräg gegenüber sogar ein Theatergebäude. Man erzählte mir, dass am 2. des zweiten Monats Schauspieler aus Ch'ai t'ang hierher kommen und Vorstellungen geben. Der Weg macht häufig grosse Biegungen. Fussgänger gehen bisweilen gerade über die

Berge und schneiden so beträchtliche Strecken des Hauptweges ab. Weiterhin erweitert sich das Thal allmählich, die Berge werden niedriger und nur hin und wieder steigen noch höhere Pics aus ihnen empor. Zwei Stunden von Lung t'an abwärts gelangten wir zum grossen reichen Dorfe Ho pei, welches sich wohl eine Werst lang am linken Flussufer hinzieht. Man sieht darin mehrere Kaufläden und einige schöne Klöster. Auch hat Ho pei ein Theatergebäude, worin die Schauspieler von Ch'ai t'ang am 2. des dritten Monats, wo zugleich Jahrmarkt, Vorstellungen geben. Gegenüber Ho pei auf der anderen Seite des Flusses, welcher hier schon recht breit ist, liegt das kleinere Dorf Ho nan. Von Ho pei verlassen, gingen wir über eine lange Holzbrücke auf das rechte Flussufer, links bemerkt man einen eigenthümlich geformten Berg, welcher die Gestalt eines Thurmes hat. Bald darauf macht der Fluss eine Biegung nach Süden und nimmt ein von NO. kommendes Flüsschen auf, durch dessen Thal der Weg nach dem etwa 30 li entfernten Kloster T'an che sse (s. oben) führen soll. Von uns an hat der Fluss Liu li ho, welchem wir folgten, eine ziemlich südliche Richtung. Es folgen die Dörfer Ho si, Ho tung, einige malerisch gelegene Tempel. Etwas weiter abwärts in einem einsamen Wirthshause Kan hor hielten wir Mittagsrast. Der Ort liegt 522 Fuss hoch. Man merkte an der zunehmenden Hitze, dass wir uns der Ebene näherten. Von Kan hor rechnen die Leute 35 li bis Fang shan hien. — Nach abgehaltener Mittagsrast verliessen wir Kan hor, ritten noch eine kurze Strecke an dem rechten Ufer abwärts und gingen dann auf einer Holzbrücke auf das andere Ufer. Der Fluss ist hier wohl 60 Schritt breit und stellenweis auch tief. Er nimmt eine südliche Richtung an. Unser Weg nach Peking jedoch verlässt den Fluss und verfolgt eine östliche Richtung. Wir überschritten zunächst einen kleinen Bergrücken, wo Steinkohlen-Minen sichtbar werden, und dann ging es durch eine steinige Schlucht allmählich bergab zur Ebene. Wir passirten das grosse Dorf Pei che ying. Die Gegend vor uns wird offner. Weiter nach Osten durch ein hügeliges Terrain vorragend, erreichten wir ein zweites grosses Dorf Shang wan und immer durch tief einschneidende Hohlwege fortreitend, langten wir endlich 3½ Stunden, nachdem wir Kan hor verlassen, im grossen Dorfe Ch'ang lo sse an, wo wir ermattet von der Hitze zu nächtigen beschlossen. Dieser Ort liegt 446 Fuss hoch, also nur wenig niedriger als Kan hor. Er erscheint bereits als in der Ebene liegend. Im Westen sieht man hinter sich die hohen Berge.

Den 3. Juni. Um der drückenden Hitze so viel als möglich zu entgehen, begaben wir uns schon um 2 Uhr Morgens auf den Weg, passirten in der Dunkelheit durch mehrere Dörfer, erreichten bald nach Sonnenaufgang das grosse Dorf Ch'ang kuo chung und eine halbe Stunde später befanden wir uns bei der grossen Lu kou kiao-Brücke, welche über den Hun ho führt. Es war bereits oben von derselben die Rede. Es sei mir erlaubt, hier noch Folgendes über diese berühmte Brücke hinzuzufügen, welche die Commentatoren von Marco Polo's Reisen, zum grössten Theil nach Chinesischen Angaben, beschrieben haben. Bekanntlich erwähnt der berühmte Reisende im 13. Jahrhundert an dieser Stelle eine prachtvolle Steinbrücke auf 24 Bogen ruhend und 300 Schritt lang, welche über den

Sanghin-Fluss führt. Sanghin ist offenbar der Chinesische Name Sang kan, welchen wir oben als einen der Namen des Hun ho kennen gelernt (vgl. Pauthier's Marco Polo, p. 349)[1]. Man glaubte lange Zeit, dass die Brücke, welche Marco Polo beschreibt, dieselbe sei, welche man noch heutzutage an demselben Orte sieht. Auch Pauthier scheint dieser Ansicht zu sein. Erst Oberst Yule, dieser geistreiche Commentator Marco Polo's, machte darauf aufmerksam, dass Polo's Beschreibung der Brücke nicht auf die gegenwärtige Brücke passe; er weiss auch, dass die alte Brücke im 17. Jahrhundert eingestürzt, doch scheint Yule nicht den interessanten Bericht des Jesuiten Intorcetta zu kennen, welcher die alte Brücke beschrieb und über den Einsturz als Augenzeuge berichtet[2]. Nach den Chinesischen Annalen wurde die erste Brücke über den Hun ho von 1189—1199 nach Chr. erbaut. Ihrer wird in den späteren Jahrhunderten in der Chinesischen Geschichte häufig Erwähnung gethan und zwar immer bei Gelegenheit der Reparaturen, welche an ihr vorgenommen wurden. Der Hun ho scheint in früheren Jahrhunderten ein viel mächtigerer und gefährlicherer Strom gewesen zu sein als gegenwärtig. Marco Polo erklärt ihn für schiffbar, die alten Chinesischen Annalen sagen dasselbe, doch jetzt wird er nicht befahren und die Wasserfluthen, die er veranlasst, sind seit langer Zeit nicht gefahrdrohend gewesen. Eine genaue Beschreibung der alten Brücke, welche Marco Polo gesehen, kann man in Chinesischen Werken nicht finden und auch die von Intorcetta angegebene vollständige Zerstörung derselben 1668 scheint von den Chinesen nicht erwähnt zu werden. Doch meldet eine Marmortafel bei der gegenwärtigen Brücke, dass Kaiser Kang hi (1662—1723) sie erbauen liess. Intorcetta, welcher die Brücke bei ihrem wahren Namen Lo keu nennt, berichtet, dass sie ½ Meile (italien.?) lang war. (Offenbar eine Übertreibung. Marco Polo giebt ihr 300 Schritt, was wohl richtig.) Er sagt nicht, wie viel Bogen sie hatte, sondern erzählt nur, dass am 25. Juli 1668 erst zwei Bogen und endlich im August desselben Jahres die ganze Brücke zusammenstürzte. Intorcetta fand bei den Trümmern eine Steintafel mit einer alten Chinesischen Inschrift, welche bezeichnend für die Wichtigkeit dieser Passage ist. Es war diese ein Vers des Inhalts, dass, wenn diese Brücke einstürze, Peking ohne Reis und ohne Steinkohlen bleibe. Die Inschrift scheint aus einer Zeit gewesen zu sein, wo der Kaiserkanal noch nicht existirte. Die Lu kou k'iao-Brücke, wie sie sich gegenwärtig präsentirt, ist 350 Schritt lang und ruht auf 10 Bogen. In Betreff der Ornamente sei erwähnt, dass an beiden Enden je zwei marmorne Elephanten sie mit ihrer Stirn stützen, während das Geländer durch 280 kleine Löwen aus Marmor geziert wird (140 auf jeder Seite).

Wenn man über die Brücke auf das linke Hun ho-Ufer gelangt ist, so kommt man zuerst durch das kleine Dorf Lu kou k'iao und dann durch die kleine ummauerte

[1] Der Persische Geschichtschreiber Raschid-eddin, Zeitgenosse Marco Polo's, nennt diesen Fluss gleichfalls Sanghin.
[2] Vgl. Compendiosa narratione delle state della Missione Cinese &c.; dal P. Prospero Intorcetti. Roma 1672, p. 65 und 73.

Stadt Kung tsi ch'eng. Einige Werst weiter auf sehr sandigem Wege erreicht man ein schönes Triumphthor, welches das Ende der von Peking hierher führenden Steinstrasse bezeichnet. Diese Strasse ist aus grossen Quadersteinen zusammengesetzt und erinnert an die antike Via Appia bei Rom. Auf ihr gelangte ich etwa 7 Werst weiter, nachdem ich unzähligen Karren-, Maulthier- und Kameel-Karawanen begegnet, zum Thore Chang yi men der Chinesenstadt und eine Stunde später zog ich wieder in das Russische Gesandtschaftshôtel ein und sah wieder Europäer, nachdem ich mich zehn Tage ausschliesslich in der, übrigens sehr lehrreichen, Gesellschaft von Chinesischen Maulthiertreibern und Holzhackern bewegt hatte.

Ich habe in der vorhergehenden Reiseskizze von den Wegen, welche zu den Steinkohlen-Minen und zum Po hua shan führen, den nördlichen und den südlichen nach eigener Anschauung beschrieben. Nun giebt es aber noch mehrere Wege, welche gerade durch das Gebirge dorthin führen und welche die Chinesen „die mittleren Wege" nennen (chung tao). Ich habe dieselben nicht bereist und konnte sie auf meiner Karte nur annähernd andeuten, wobei ich theils die Chinesische Specialkarte dieser Gegend (in den oben erwähnten Werke yi t'ang tsou yi) zu Hülfe zog, theils den Angaben der katholischen Missionäre folgte oder auch die Berichte zuverlässiger Chinesischer Bergbewohner, welche die Wege gut kannten, verwerthete. Diese Wege quer durch das Gebirge kürzen zwar die Distance zwischen Ch'ai t'ang, dem Haupt-Kohlendôpôt, und Peking bedeutend ab, doch sind sie sehr beschwerlich und man hat eine bedeutende Anzahl von Bergrücken zu übersteigen. Sie werden namentlich benützt während der Regenzeit, wo die Flussbetten, durch welche, wie wir gesehen, die anderen Wege meist führen, nicht practikabel sind. Wenn man diese Bergwege benützend von Peking nach Ch'ai t'ang oder zum Po hua shan reist, so begiebt man sich zunächst nach Ma yü am Hun ho, setzt über den Fluss und gelangt dann bald in die Berge. Dieser Weg führt weiter über Men t'ou k'ou, Wang p'ing k'ou (k'ou = Engpass) nach Sang yü und Ch'ai t'ang. Es existirt hier eine künstliche Strasse, ein Steintsufeaweg, welcher im 15. Jahrhundert angelegt worden. Noch vordem man Sang yü erreicht hat, zweigt sich der Weg ab, welcher gerade zum Po hua shan führt, und so viel ich von diesem Berge aus sehen konnte, scheint dieser Weg meist den Bergkämmen zu folgen. Ein anderer gerader Weg nach den Kohlen-Minen von Ch'ai t'ang geht von dem grossen Dorfe San kia tien aus, wo stets reges Leben herrscht und von wo, wie ich bereits oben bemerkte, die auf Maulthieren aus den Bergen kommenden Kohlen zum Transport nach Peking auf Kameele geladen werden können. Die von San kia tien ausgehenden Wege folgen mehr oder weniger dem Hun ho-Ufer, dem rechten oder linken. Beim Dorfe An kia chuang führt eine Fähre (zu Zeiten Brücke) über den Fluss. Diese Wege münden bei Hia ma ling in den nördlichen Weg aus, auf welchem ich zum Po hua shan reiste.